种草密码

小红书品牌营销完全指南

王乐之 著

电子工业出版社
Publishing House of Electronics Industry
北京·BEIJING

未经许可，不得以任何方式复制或抄袭本书之部分或全部内容。
版权所有，侵权必究。

图书在版编目（CIP）数据

种草密码：小红书品牌营销完全指南 / 王乐之著 . --
北京：电子工业出版社, 2025.4. -- ISBN 978-7-121
-49493-2

Ⅰ . F713.365.2

中国国家版本馆 CIP 数据核字第 2025QT3525 号

责任编辑：黄益聪
印　　刷：三河市兴达印务有限公司
装　　订：三河市兴达印务有限公司
出版发行：电子工业出版社
　　　　　北京市海淀区万寿路 173 信箱　　邮编：100036
开　　本：880×1230　1/32　印张：7.75　字数：180 千字
版　　次：2025 年 4 月第 1 版
印　　次：2025 年 4 月第 1 次印刷
定　　价：59.00 元

凡所购买电子工业出版社图书有缺损问题，请向购买书店调换。若书店售缺，请与本社发行部联系，联系及邮购电话：（010）88254888，88258888。

质量投诉请发邮件至 zlts@phei.com.cn，盗版侵权举报请发邮件至 dbqq@phei.com.cn。

本书咨询联系方式：（010）68161512，meidipub@phei.com.cn。

前言

成为流行：在小红书打造爆品的四个灵感指南

70年前，作家三岛由纪夫在《小说家的假期》一书中写道："我们生活在'知识信息'激增，但却流于浮面片段的时代。在巨人的时代里，当他们看到世界变化如此之大，恐怕都要感到惊愕万分。现今，飞机的性能日新月异，通信传播无远弗届，就连太平洋也在转瞬间就能飞越。倘使我们能够拥有巨人般的视野，氢弹试爆看来也不过就像点燃一根仙女棒而已吧。"

如今，我们就深陷于这样一个时代。每一年，大量的新信息、新产品如雪崩般被创造出来。人们一年生产出800万首新歌、200万本新书、1.6万部新电影、300亿篇博客帖子、1820亿条推特信息，内容的繁荣达到了空前的顶点。物质方面，也是同样兴盛，全球每年生产超过100亿台机器，超过1000亿件服装，这些服装连起来约可环绕地球1500圈。

当供给变得空前繁荣时，选择权就交给了需求这一端。消费者的注意力和偏好，正在成为商家争相抢夺的宝贵资源。

在广告营销行业，"注意力"这一抽象的概念被具象化为一个名为CPM的指标（Cost PerMille，每千人成本），它代表获取1000个用户注意力所需花费的成本。这一指标，本质上是对人们的注意力进行"标价"。值得注意的是，注意力的价格并不相同，不同的媒体平台，其平均CPM的价格存在差异。比如电梯广告的CPM为40～50元，而互联网App的CPM则在100～300元之间。当信息日益泛滥时，用户"注意力"的价格就会水涨船高。对企业而言，如何在信息的洪流中脱颖而出，并如磁石一般牢牢吸附用户的注意力，就变成了一场危险与机遇并存的"游戏"。

一些嗅觉敏锐的企业已经发现，它们面临的消费者已经变了。他们不再乖乖地接纳喋喋不休的推销，而是更相信自己细心钻研后的判断，以及来自普通人的推荐。"口碑"对于企业而言，从未像今天这样重要。想要打动这届消费者的心，企业需要更加细心、耐心，且心怀敬畏地捧上令他们满意的产品或服务，在这个过程中，"种草"日益成为营销行业的一个热门词。

"种草"发源于民间，它来自消费者的创造。与过往大喇叭式的宣传推广不同，"种草"显得格外轻柔，就像在消费者心智中播下一粒购买欲的"种子"，再如微风吹拂般细心沟通。"种草"的本质，就是怀揣着同理心向身边的人推荐好产品或美好的生活方式，它的底色是"利他"，它要求分享者和被分享者处于一种平等、双向主动的关系中，而非一方积极推销，另一方被动接受。

对企业而言，"种草"就是把主动权交给消费者，让他们去体验产品、分享产品、传播产品。在这个过程中，会产生大量真实的反馈，会产生"劝退"。那些真正好的产品和服务，则会收获许多意想不到的惊喜，民间的智慧会为它们增添光彩，为产品打开更广阔的市场空间，让它们真正成为流行。

小红书，素来以适合"种草"著称。在这里，大量的产品活跃在用户鲜活的生活场景中，用户如钻石切面一般多姿多彩的生活，赋予产品温暖、多元的色彩，让它们变得更有吸引力，让人忍不住被"种草"。

在过去几年中，我曾服务于小红书，并操盘过多次营销事件，这让我得以用内部人的视角，近距离观察这个社区的底色，并参与它的商业实践。同时，我也听到了那些在小红书进行营销实践的企业一线营销人员的声音，他们的成功经验让我深受启发，并改变着我的营销思维。它们的营销实践，打破了传统营销的藩篱，令人深受启发。比如，一款面霜能通过一个细分卖点和一个昵称，从平平无奇的产品变身爆品；一台3万元的"买菜车"可以通过用户DIY变身年轻人的潮酷大玩具；一杯秋天的奶茶可以通过洞察用户的饮食偏好和情绪需求，一跃成为爆款；一台热水器除了卖给家居、家装人群，还能破圈卖给更广阔的美肤人群；一个"在逃公主妆"，可以帮一款新品唇泥杀出重围，登上热卖榜……这样的故事，每天都在小红书发生着，在这本书中也沉淀了数十个充满启发性的营销实战案例，能让更多企业找到在小红书做营销的路径。

小红书为什么能成为一片"种草"的宝地？小红书社区中到底隐藏着哪些"种草"的规律？企业到底应该如何借助小红书让自己的产品成为流行？接下来，就让我们一起走进小红书的大门，去探索好产品、好服务的"种草"故事，并在它们飞跃的轨迹中，找到让产品成为流行的密码。

种草灵感一

拆掉营销思维里的墙

第一章　媒介环境的变迁　003

1　理解媒介，理解小红书　004
2　消费者发生了什么变化？　011
消费决策：审慎消费，用户更专业、更理性　012
消费观念："蜂巢式"需求，"平替"与"贵替"并行　016
消费路径：经验的"分享"与"流动"　020

第二章　营销模式的迭代　025

1　品牌广告的困境　026
2　效果广告的旋涡　030
3　种草营销的兴起　034
步骤一：把主动权交给用户　035
步骤二：从抽象到具体的用户洞察　037
步骤三：重视种草链条上的关键声音　040
步骤四：打造动态灵活的营销策略　044
步骤五：积淀品牌的"口碑资产"　048

第三章　小红书发展历程：
　　　　　从七份 PDF，到一个社区　053

1　"有用"是小红书的"出厂设定"　056
2　小红书产品设计逻辑：双列信息流的初心　059
3　小红书社区分发逻辑：把舞台交给 UGC　064
　小红书用户画像　067
　小红书搜索栏＝用户需求的翻译器　072
　1 个"铁杆粉丝"胜过 1000 个"路人"　077
4　一个铁杆粉丝，拯救了一个乐高公司　083
5　流行的本质：从用户中来，到用户中去　086

第四章　小红书用户的五大
　　　　　消费趋势　090

1　趋势一：需求蜂巢化、日更化　093
2　趋势二：从"消费"到"创费"　095
3　趋势三：要"消费"不要"消费主义"　102
4　趋势四：后物质时代，崇尚"生活美学"　105
5　趋势五：体验型消费正当时　109

种草灵感二　用户是一流的产品经理

种草灵感三

没有内容，就没有一切

第五章　讨厌的广告，有趣的内容　121

1　认知盈余带来的集体善意　126

2　在小红书流行的爆款内容，都有这五个特征　130

特征一：有用——对生活的"影响力"　131
特征二：利他——构建善意的正循环　134
特征三：审美——微小的生活美学　137
特征四：激发——让分享与互动流通　141
特征五：私人——个体的温度更迷人　146

第六章　如何创造种草力强的内容　149

1　在具体的生活场景中种草　150
2　在人与人的关系中种草　156
3　在流行的生活趋势中种草　164

种草灵感四　寻找正确的营销策略

第七章　如何从用户中找到产品推广灵感　176

1. 深度洞察用户痛点　177
2. 与用户共创营销灵感　179

第八章　如何发挥小红书博主的最大价值　183

1. 小红书博主的三大沟通优势　186
2. 小红书博主如何"翻译"产品卖点　191
3. 如何与小红书博主"共创"产品　193

第九章　和小红书博主学写种草笔记　202

1. 对话感：拉近沟通距离　205
2. 故事感：构建鲜活的场景　208
3. 画面感：善用比喻和通感　212

第十章　如何进行高效的营销推广　215

1. KFS产品种草组合投放方式　216
2. 从种草蓄水到站内闭环　218

第十一章　如何在小红书做好一场带货直播　225

1. 回归人的需求　226
2. 买手是用户与产品之间的桥梁　229

附录A　237

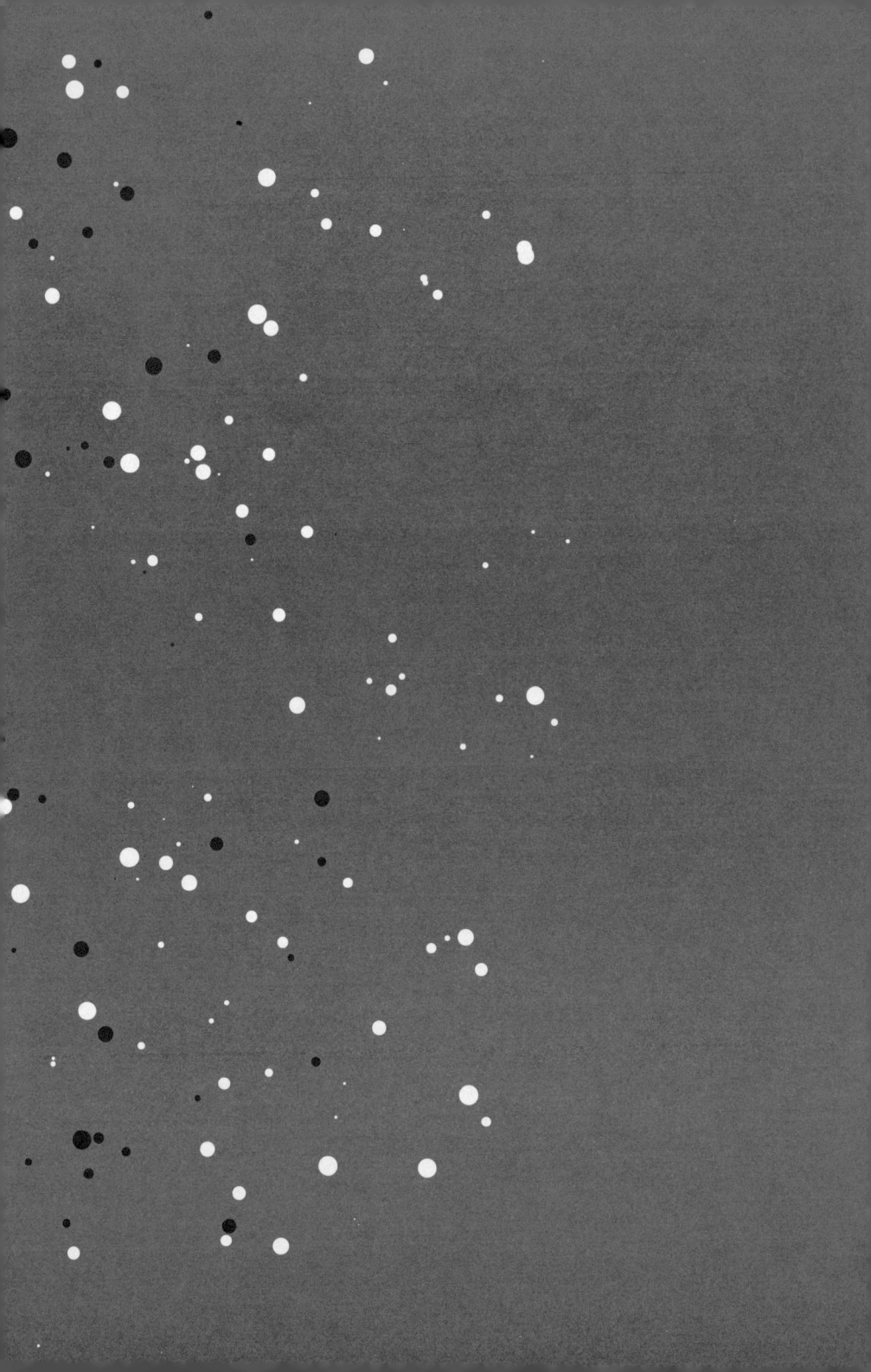

种草灵感一

拆掉营销思维里的墙

第一章 媒介环境的变迁

1

理解媒介，理解小红书

如果不把小红书放置在互联网媒体发展的长河中，就很难描摹出它的特殊。

过去，我们把目光更多地放在传统媒体与互联网媒体的比较上，并惊叹于互联网给媒介环境带来的翻天覆地的变化。

在传统媒体时代，媒介渠道是一种稀缺资源，掌握媒介渠道的人同时也掌握着信息分发权，他们因此拥有较高的话语权。而在互联网时代，媒介渠道是无限延展的，一条条"超链接"将信息编织成无边且稠密的网，瀑布般的"信息流"永远刷不到底，广告主们也有买不尽的"资源位"。和承载量有限的报纸和书籍不同，电子渠道具有空间上的无限性。

当媒介渠道变得不再稀缺时，用户的注意力就成了真正稀缺的资源。

在内容方面，互联网时代的内容生产也呈现出泥沙俱下的特征。传统媒体配备了"把关人"（通常是编辑室成员），他们负责过滤信息，决定着最终能被大众看到的信息。内容生产者在创作时，会潜移默化地将"把关人"制定的规则和他们的审美作为重要标尺，以此来指导、校准和约束自己的创作。因此，传统媒体时代的内容是较为有序、克制和精英化的。而传统媒体时代的内容消费者，身处整个传播链条的末端，被动地接收着信息，他们对内容的好恶只能体现在报纸杂志的发行量、电视节目的收视率这些抽象而笼统的数据上，他们是面容模糊的一群人，并且他们彼此之间是孤立的。

而在互联网时代的传播路径中，"把关人"对内容的审核规则在某种程度上更迭为新媒体平台的运营规则。为了最大限度地激发内容生产，新媒体平台的运营规则显然会比传统媒体宽松许多。这样一来，内容创作者就会悉心研究新媒体平台的运营规则，使得内容逐渐产品化，因为是否适应新的运营规则决定了内容能获取多少用户的点击，决定了获取流量的多寡，也决定着内容生产者的收益。因此，互联网时代的内容相比于传统媒体时代，具有海量、良莠不齐和大众化的特征。而互联网时代的内容消费者，每一个人都拥有"投票权"，他们可以通过自己的点赞、收藏、转发、评论等行为，清晰而直接地表达自己对内容的好恶，他们是一群具体的人，彼此之间可以产生频繁的互动和深度的连结。

中文互联网媒体在其二十余年的发展中，也已开枝散叶，演变出不同的逻辑与生态。我们试着从**内容生产、内容分发、内容消费这三个内容行业永恒不变的要素**出发，去分析不同的互联网媒体都有什么特征，以及媒体上的主流的营销方式有什么特征。

简单来说,内容生产就是指一则内容(无论是报纸上的新闻、书籍里的小说、电视荧幕上的连续剧或是手机里的一条短视频)从无到有的生产过程。过去,记者、编辑、作家等人是内容生产的主力,随着互联网时代的到来,人人都有机会成为内容生产者,即便是一位毫无粉丝基础的普通用户,也能通过一些特定的内容获得其他用户的关注。比如,在 2020 年,一位普通小红书用户偶然在自己居住的北方小城里发现了一家名为盖得的便利店(get what you forget),随后她发布了一篇"便利店探店"的图文笔记,记录了自己在这家便利店里吃到的各种美食。就是这样一篇简单的笔记,却为这家便利店带去了许多客人,其中不乏从很远的地方打车慕名而去、只为了购买一个饭团的用户。由于在北方小城中,类似罗森、7-11 这样的便利店并不多见,这篇小红书笔记让盖得便利店小小地走红了一下,吸引了不少用户前去消费和拍照"打卡"。安迪·沃霍尔"人人都能出名 15 分钟"的名言放在互联网媒体时代同样适用,如今,"人人都能成为内容创作者",并能释放自己的影响力。

我们再来看内容分发。内容分发是指一则内容通过各种媒介渠道、遵循不同的分发逻辑,到达读者、观众或用户面前的过程。比如,在传统媒体时代,是编辑这一角色掌握着内容分发的权力,编辑可以决定哪则内容能登上报纸的头条,哪部连续剧能在黄金时段播出。而在互联网时代,内容更多地是通过社交分发和机器智能分发抵达用户眼前的。内容分发权从精英人群(如编辑)逐渐让渡给普通人,每个人都是自己的编辑,我们可以通过订阅不同的频道、关注不同的意见领袖,甚至通过自己的点赞、收藏、评论等行为,来决定自己的信息流长什么样,也决定自己能看到的广告长什么样。

最后，<mark>内容消费是指用户对内容的阅读、观看或浏览。</mark>内容消费通常有两种形式：一种形式是用户直接为内容付费，比如购买一本书、购买一张电子专辑、购买线上培训课程，或者成为视频网站的付费会员；另一种形式是付出自己的使用时长，简单来说就是付出自己的时间。这种形式在互联网媒体平台非常常见，它们会将用户的使用时长变现，比如在视频播放前贴上2分钟的广告，又比如在信息流中插入一则广告，用户的总使用时长越长，可以植入的广告位就越多，互联网媒体变现的空间就越大。

理解了内容生产、内容分发、内容消费的含义，我们就可以将它们作为一把标尺，度量出不同类型互联网媒体的特点。<mark>如果以此为标尺，互联网媒体可以分为三种类型。</mark>

<mark>第一种类型，是以新浪网、腾讯网、网易网、搜狐网等为代表的门户媒体。</mark>这一类型互联网媒体最大的特点，就是将纸质的报纸"搬到"了网络上。从内容生产角度来看，依然是网站的记者负责采写内容；从内容分发角度来看，网站会配备专业的编辑团队（也就是"把关人"），他们决定着哪条新闻能登上网站页面最显眼、占比最大的位置，而这些"头条"的位置是有限的；从内容消费角度来看，用户会在这些媒体网站浏览新闻、资讯，同时，这一时期开始出现了评论区，用户可以在新闻下评论、跟帖，但这些行为并不能让一则新闻因热度高而成为头条。

因此，我们可以将这一类型的互联网媒体特征概括为：用户不掌握信息生产权，信息以单向分发为主，用户与信息可产生浅层次的互动。针对这一类型媒体的广告营销，本质上也和传统媒

体时代的买版面、买黄金时段别无二致，出价高的广告主，就可以获得网站的黄金广告位，广告营销以曝光型的品牌广告（Brand Advertising）为主。

第二种类型，是以百度、360等为代表的搜索引擎。从内容生产角度看，这些搜索引擎本身不生产内容，没有传统意义上的记者和编辑团队，它们将不同网站、媒体的内容聚合到一起进行分发，从内容分发角度看，这类媒体通过用户的主动搜索来分发内容。从内容消费角度看，用户可以通过主动搜索相对精准地找到自己需要的内容。在营销层面，可以根据用户的搜索关键词，较为精准地向潜在用户推送广告内容，提升广告的点击率和转化率，广告营销以效果广告（Performance-based Advertising）为主。

第三种类型，是以微博、抖音、快手、小红书为代表的社交媒体。它们在内容生产、内容分发和内容消费上既有相同之处，也有不同之处。从内容生产角度看，它们都是UGC（User Generated Content）平台，由普通用户生产内容。而从内容分发角度看，这些平台都会引入智能算法分发的机制，但其程度有所不同。微博的社交分发逻辑更强，即通过人与人的关系进行分发，用户通过订阅、关注自己感兴趣的名人、KOL或亲朋好友来获取信息；抖音、快手则主要通过智能算法分发的方式，通过记录和分析用户的点赞、收藏、评论等多种行为，为他们推荐个性化的内容。而小红书在智能分发之外，用户的搜索属性也很明显，用户不仅在这里浏览内容，也会主动搜索自己感兴趣的内容。从内容消费角度看，用户在这几个平台上都能与内容进行较为深度的互动，他们可以通过点赞、评论或转发自己感兴趣的内容，进行主动表达。在广告营销层面，这些平台都能根据对用户行为的分析推送千人千面的广告内容，广告的效率变得越来越高，用户和广告之间的互动关系也在悄然发生变化。

纵观这几种类型的互联网媒体平台，我们不难发现一个趋势——无论是从内容生产、内容分发还是内容消费的层面，用户对内容的介入程度都在变深，用户不再是被动地接收内容，他们对获取信息的主动权得到了极大的提升，他们已经习惯了活跃地生产内容、做自己的"把关人"。

由于 UGC 这种内容生产方式带来的信息爆炸，每一分、每一秒，各式各样的信息如潮水般接踵而来，几乎人人都身处信息的旋涡中，注意力成为宝贵的资源。诺贝尔文学奖得主索尔仁尼琴说过一段话："除了知情权，人也拥有不知情权，后者的价值要大得多。它意味着高尚的灵魂不必被那些废话和空谈充斥。过度的信息对一个过着充实生活的人来说，是一种不必要的负担。"

这一观点对许多新世代内容消费者而言尤其适用，特别是那些已经产生信息怠倦的年轻人，他们开始有意识地精简自己的信息摄入量，以避免被各路繁杂的信息扰乱心绪、分散注意力。而这样一种用户心理和行为上的趋势，无疑会给企业的营销带来更大挑战——即便各大平台拥有日益精密的算法和日趋精巧的广告内容，如何顺利通过用户的"信息过滤器"获取他们的注意力，也变得越来越充满挑战和有难度。

对于想要探索当代消费者尤其是年轻消费者心理和行为的企业而言，小红书可以说是一个绝佳的实验室，因为那里聚集了一批擅长主动表达、乐于探索新鲜事物的年轻人。社区这一"容器"能够激发出比其他平台更鲜明的 UGC 生态，长达十年的缓慢生长，也让它形成了一套相对独立的用户沟通模式和语境。

　　回溯互联网媒体发展进化的历史，可以帮助我们更好地定位小红书的特质，从而更高效地在小红书上开展营销活动，更顺畅地与这里的用户沟通。

2

消费者发生了什么变化？

加拿大媒介理论家马歇尔·麦克卢汉在《理解媒介：论人的延伸》一书中提出过一句著名的警语：媒介即信息。

我们提起"媒介"这个词时，通常会想到报纸、电视或各式各样的社交媒体，但在马歇尔·麦克卢汉看来，媒介是人体和人脑的延伸。不仅如此，他认为，一切技术都是人类的身体和神经系统为增加力量和提升速度所做的延伸，比如衣服是肌肤的延伸，住房是体温调节机制的延伸，马镫、自行车和汽车全都是腿脚的延伸。

马歇尔·麦克卢汉还做过一个精彩的比喻，他认为媒介是"窃贼"，人们是"看门狗"，媒介上的各种内容是一片滋味鲜美的"肉"，破门而入的窃贼用肉吸引看门狗的注意，使其忽视了窃贼的存在。马歇尔·麦克卢汉在提醒，很多时候，人们往往过度关注内容，而忽略了媒介对个体和社会的巨大影响。

比如，书籍这一媒介形式需要人们较长时间、沉浸式地投入阅读，无论通过书籍读什么内容，读书的人的思维都更容易适应较为长线、复杂的逻辑。而手机这一媒介形态则相反，手机里社交媒体上一则则短消息则让人们的思维如蜻蜓点水般快速跳转，注意力被切割成细碎的片段。同时，在社交分发和智能算法分发机制下，人们被过于精准地推送了自己感兴趣的内容，而更多元的观点和内容被过滤掉，从而容易陷入"信息茧房"，认知也变得越来越偏狭。

通过上面章节的内容可以看出，互联网媒介形态在不断发展，人们的消费心理和行为也会随之产生极大的变化。那么，媒介形态的变化到底是如何改变消费者的信息处理方式，又如何深度影响他们的消费决策呢？他们的消费行为发生了什么变化，又有哪些趋势呢？

消费决策：审慎消费，用户更专业、更理性

护肤品的意义在于让你20年后比同龄人看起来更年轻。

钱只是换了一种方式陪伴你。

职场那么辛苦，必须买一件昂贵的首饰犒劳自己。

房子是租的，生活不是。

包包要看"使用率"，1万元的包包用3年，算下来每天只需要5块钱。

无论是过去还是现在，一条条消费主义话术总是带着蛊惑人心的力量，在人们耳畔不间断地吹着温柔的风，使人稍不注意就迷失

在五光十色的消费迷宫之中。就像上文引用的这五条文案，它们操着经验丰富的过来人的口吻，披着生活哲理的外衣，乍一看似乎充满说服力，因此很容易渗透到人们的消费观念中。但究其本质，无非是植入一个似是而非的观点，让消费者掏出更多金钱去换取更"理想"的生活状态。

前文提到，互联网媒介的不断发展，尤其是 UGC 模式的兴起，已经彻底解放了内容生产力，奔涌的信息洪流在使人疲惫的同时，也高强度地锻炼着当代消费者甄别信息和过滤信息的能力。也就是说，消费者处理信息的宽幅和精度都在快速进步。比起商家用尽巧思创造出的营销话术，当代消费者，尤其是年轻消费者，更愿意相信自己的分析和判断。

"成分党"的兴起就是一个很好的证明。"成分党"是指那些热衷研究美妆个护产品成分的消费者群体，在美妆个护这一营销"重灾区"，这群消费者不再轻易地被漂亮的广告语洗脑，而是认真研究起护肤品的成分表，对烟酰胺、A醇、水杨酸、角鲨烷等生涩的专业名词如数家珍。

小红书就是"成分党"的聚集之地，每一年，社区中都会冒出许多成分"黑话"。比如从最初的"早C晚A"[1] 护肤公式，到现在的"早P晚R"[2]"早B晚A"[3] 等。消费者对不同的成分了如指掌，

---

[1] 早C晚A：指早间使用含维生素C成分的护肤品，用以抗氧化；晚间使用含维生素A成分的护肤品，用以修复。
[2] 早P晚R：P即protect，指日间光防护；R即recover，指晚间光损伤修复。
[3] 早B晚A：指早间使用含有维生素B（烟酰胺）的产品，晚间使用含有维生素A的产品。

并且在各式美妆博主的带领下,他们不仅研究起单个成分的有效性,也开始在意成分的组合与搭配,"配方党"开始崛起。

2024年以来,消费者又开始研究起了"概念添加"和"起效浓度"。所谓"概念添加",就是指一个护肤品把所有热门成分都添加了一遍,却因为浓度不够而效果不佳,说明这些添加仅是"概念性"的,就像在大海里放入一块紫菜和一枚鸡蛋企图做出一锅紫菜蛋汤那样,不会给肤质带来真实改善。

"起效浓度"则是指消费者不仅关注成分和配方,还会研究各种成分的剂量是否达到了起效的标准。化妆品的成分达上千种,有些成分需要高剂量添加才能达到起效浓度,有些成分哪怕添加百万分之一就有很强的功效,比如玻尿酸起效浓度是0.02%,A醇的起效浓度是0.08%,成分不同,其起效的添加浓度就不同。并且,对消费者而言,并不是浓度越高就越好,有一些成分浓度过高,引起肌肤泛红刺痛的概率也更大。同时,并不是成分种类添加得越多就越有效,成分种类越多并不见得有效,有些成分适合"单打独斗",有些成分需要"团体作战",消费者对这些细节都会非常关注,他们对成分的钻研正变得越来越深。

从"成分党"的身上,可以看到消费者越来越倾向于动用自身的信息处理能力和判断力,辅助自己做出更准确的消费决策。过去因为媒介渠道产生的消费者与商家之间的信息鸿沟正在弥合,信息变得越来越透明。并且,消费者变得越来越专业,又进一步推动了这种信息的透明化,让用户与商家逐渐站到了对等的位置上。

不仅如此,消费者在进行决策时也不再只依赖商家提供的单一

信源，甚至不再只相信与商家有合作关系的明星"代言人"或意见领袖。他们会更多地了解其他普通消费者的使用体验和反馈，并与自己的需求做"交叉验证"。那些没有利益相关、单纯"利他"的个体分享，更容易获得大众的信任。究其本质，是社交媒体的发展将过去只存在于亲人、朋友之间的"口耳相传"半径无限放大了，一个产品或服务的口碑从未如此重要。

小红书官方曾公开过一组数据，社区里有一位用户想寻找育儿嫂，该用户在 30 多天的时间里，在小红书上浏览了超过 400 篇笔记，当用户锁定了一个家政服务公司后，又详细阅读了 20 多篇关于该公司的笔记，才最终完成下单。可以看出，消费者在做出决策前会摄入大量信息，并且值得注意的是，这名用户第一步先阅读了数百篇 UGC 或博主的笔记，初步筛选出心仪的家政服务公司之后，第二步才是精准地阅读该公司的相关内容。这名用户的决策路径非常具有代表性，说明在消费信息愈发透明的时代，来自普通消费者的分享通常被认为更有参考价值。

不仅如此，许多消费者已经从过去被动地接受商家的信息输入，到主动地筛选甄别信息，进而进阶到为商家提供改进建议。这些专业的消费者能"反向"为商家提出建议，而那些善于倾听消费者声音、愿意"听劝"的商家则收获更多回报。一个有近 70 年历史的乳制品品牌，其旗下一款酸奶的长方形透明包装盒非常实用，消费者食用完酸奶后，会将剩下的盒子洗净用作密封储物盒、简易饭盒，甚至拿来腌制泡菜。不仅如此，消费者还向该乳制品品牌提出"改进建议"，比如进一步修改盒子的卡扣以提升盒子的密封性、推出无隔断款，甚至增添了餐具……品牌按照用户的提议——改进，使很多消费者甚至为了盒子选择购买这款酸奶，这种"买椟还珠"行为，帮助品牌收获了大批高黏性年轻用户。

不难看出，随着消费者对信息处理和甄别能力的提升，他们的消费决策行为正在变得越来越理性和专业，从过去"货比三家"到现在的"货比三十家"，甚至"货比三百家"，从过去被大喇叭式的广告狂轰滥炸，到现在去其他消费者的购物分享笔记下认真"做功课"，企业想将一款产品或服务推荐给消费者并获得他们的喜欢，变成一个越来越需要深度钻研的课题。

消费观念："蜂巢式"需求，"平替"与"贵替"并行

"平替"是中文互联网中的热门词，它的意思是"平价的替代品"。比如，一件价值100元的衬衫与一件价值1000元的衬衫在颜色、款式等方面有一些相似，那它就是后者的"平替"。在许多年轻消费者眼里，追求"平替"不过是放弃了品牌溢价，回归商品的本质，可以说是一种追求高性价比、更为理性和务实的消费观念。

近年来，互联网上的年轻人中甚至兴起了一种"寻找代工厂"的消费风潮，"代工厂"就是为一些知名品牌甚至奢侈品牌生产产品的工厂，这些工厂的产品往往和知名品牌同款、同工、同料，因此品质比较有保障。许多年轻人将"寻找代工厂"视作一种"打破信息差"的消费行为，本质是"花更少的钱，体验差不多的生活"。

曾经有一份"网购平替搜索关键词"攻略在网络流传，并获得了许多年轻人的收藏。比如，当你想要购买一个动辄几十元的口红

收纳盒时,就可以将在购物网站的搜索词更换为"马克笔收纳底座",然后只需要三四元人民币就能获得相似功能的产品。同样地,当你想购买一个 iPad 支架时,只用搜索"菜谱架"就能获得相似功能的产品,而你仅需付出几分之一的价格。受到诸多年轻女孩欢迎的家居好物"绳结照片墙"通常需要十几元甚至几十元,而当关键词被换为"渔网"后,仅需 2 元钱就能买到一大卷。"平替"的范围如此之广,需求如此之旺盛,甚至有一位年轻人用 AI 模型制作了一个搜索引擎,只要在该引擎上输入商品名,就能检索到相应的"平替"搜索词,这一引擎已经吸引了数十万用户登录使用。

网购平替关键词

原关键词	平替关键词	原关键词	平替关键词
口红收纳盒	马克笔收纳底座	书桌	培训桌
粉扑	影楼海绵	书柜	组合柜
化妆刷筒	笔刷筒笔筒	书架	幼儿园书包柜
痘痘贴	压疮贴	椅子	户外婚礼用椅
眼影收纳盒	口香糖梯形盒	实木床	防潮排骨架
美妆蛋收纳盒	鸡蛋收纳盒	鞋架	楠木置物架
化妆棉	绫秀化妆棉	床头柜	藤编换鞋凳
彩色眼线笔	cosplay眼线笔	全身镜	超清拼接镜
化妆刷	沧州化妆刷	衣柜	角钢挂衣架
洗脸巾	美容院洗脸巾	藤编茶几	藤编脏衣篮
化妆品架	备菜盘	床垫	记忆棉片定制
相框	营业执照框	中式沙发	茶楼卡座
置物架	角钢货架	日落灯	台式夕阳灯
首饰盒	零件盒	中式桌子	国学桌
梳妆台	电脑桌	花瓶	广口瓶
防尘收纳	美术生工具箱	地毯	办公室地毯

网购平替关键词(图片来源于网络)

有趣的是，当一群年轻人在网上努力寻找"平替"时，另一群年轻人却在逆向而行，寻找"贵替"。所谓"贵替"，就是"贵价替代品"。寻找"贵替"的背后，是消费者开始发现一些所谓的省钱"捷径"本质上是"弯路"。比如，很多时候人们因为一时的低价诱惑忍不住下单购买，慢慢地却发现家里用不完的商品已堆积如山，或者大量因贪图便宜而购买的商品，其命运都是躺在家中某个角落"吃灰"；又比如，一管50元的口红看似比一管300元的口红便宜很多，但仔细观察口红的克重就会发现，前者的单克价格更贵，也就是说贵价的口红反而更耐用。以上种种看似因为低价省下了钱，其实不知不觉中浪费了更多钱的"陷阱"，让不少消费者走上了寻找"贵替"的道路。

此外，在一些追求高质量生活的消费者眼中，"贵替"是一种长期主义的象征——比起购买那些单价低却因质量低下导致"用过即弃"的商品，购买更昂贵、更耐用的商品不仅能带来更愉悦的消费和使用体验，也更加绿色环保，甚至可以更省钱。

可以看出，无论是"平替"还是"贵替"，都各有其拥趸。打开小红书，我们会被当代年轻用户百花齐放的消费观所震惊，这里有崇尚"断舍离"的极简主义追求者，也有热衷"极繁主义"的形式感与精巧搭配的人士；他们能在直播间快速下单一双5000元的昂贵靴子，也能拉出一张长长的Excel表格为大促满减"做功课"；有人坚信"囤货不如囤钱"，热衷为未来储蓄，也有人信仰"YOLO"（You Only Live Once），认为"人只能活一次"，此刻就该尽情体验……

在大众多元的消费观念背后，隐藏着如"蜂巢"般密密麻麻、

极其细分的消费需求。正因为用户的消费需求越来越多元化，他们呈现出的消费观念和行为也日益丰富和复杂，这就对企业的营销提出了更高的要求。

不过，尽管用户的需求看似千变万化、难以捉摸，有一个鲜明的未来趋势依然已经跃然眼前——用户越来越关注自己的真实需求，不那么容易被营销所制造出的消费潮流所裹挟。他们在消费上越来越注重"悦己"，更加切实地关注产品或服务为自己的生活创造的价值，无论是"平替"还是"贵替"，无论是"极简主义"还是"极繁主义"，如果他们认同这一切，就愿意为这种价值付出相应的金钱。

同时，从小红书这类年轻用户聚集的社区中，我们还能发现另一个活跃在年轻消费者群体中的趋势。年轻消费者不仅关注产品或服务的功能价值，也关注它们带来的情绪价值、审美价值。一盏能营造出昏黄光线的"落日灯"，虽然瓦数不高，并不明亮，却能弥补都市上班族因加班而错过的无数个黄昏，因此这一氛围感产品得以在年轻人中风靡一时。一些用户因为持有环保理念，愿意购买用单车轮胎改制而成的背包、用咖啡渣制作的香薰，他们甚至呼朋唤友走上街头玩起 Stooping（都市拾荒），用街边捡来的旧物装点自己的家。他们不仅养猫养狗，还养起了 Jellycat（英国玩具品牌），不用喂也不用遛，玩具每天就乖乖地躺在书桌上，划算又治愈。

瑞士香水品牌 BYREDO 近年来在年轻消费者中颇受欢迎。该品牌旗下有一款爆款香水名叫"无人区玫瑰"（Rose of no Man's Land）在小红书上知名度尤高，这款香水与一般的玫瑰香水比起来，辨识度较强，香水前调用粉红胡椒模仿出辛辣的消毒水气味，中和了玫瑰的脂粉味，好像"古老药房抽屉里的一匣干枯玫瑰"。玫瑰的香味到中后调才逐渐显露出来，同时加入了明显的木质香调，味道游走在张扬和内敛的平衡之间。

这款香水还有一个创作背景。香水名称中的"无人区"，是指第一次世界大战期间硝烟之后的无人之境，当时那些身受重伤的战士们只剩下等待死亡的命运，他们将唯一的希望——战地护士比作玫瑰花。BYREDO香水的创始人希望通过这款香水尽可能地还原战场的硝烟与玫瑰碰撞的复杂味道，向战地护士致敬，所以在花香中加入了一些木质气味。

BYREDO在营销上，会为目标消费者构建一个画像：她们通常是成熟干练的女性，不同于一般的"玫瑰"，她们是高冷甚至凛冽的，有自己独特的气质和精神内核。可以看出，BYREDO在尝试和目标用户进行深度的情绪互动和交流，为一款香水赋予态度和情绪价值，因而更容易获得用户的认同和青睐。

消费路径：经验的"分享"与"流动"

如果我们细心观察，就会发现当代用户尤其是年轻用户的消费路径正在发生巨大的变化。在互联网诞生之前，人们的消费路径相对简单，他们通常通过电视、报纸等渠道看到品牌的广告，然后在线下渠道（如大型卖场、超市等）进行购物。能影响用户消费决策的因素，无非是品牌单方面输出的广告信息，或消费者身边小范围的亲人、朋友、同事的推荐及建议。

但是到了今天，用户的消费路径已经更加复杂，他们在购物前

和购物后的行为路径都延长了。 购物前，消费者会倾向到网上"做功课"，即仔细查阅其他普通用户、博主的购物分享和体验，经过对比和分析后，再选择去线下实体店购买，或者直接在线上电商平台下单。使用、体验完产品或服务后，他们也更乐于分享自己的体验与心得，无论是"开箱视频""空瓶分享"，还是去线下消费后在社交平台"打卡拍照"，消费者的真实分享构成了宝贵的UGC信息，又能再一次成为其他用户的消费决策参考，并为品牌引流。

如此一来，就形成了如下图所示的**社交网络时代的"环形消费路径"。大量来自普通用户的消费经验在互联网上不断地生产、消费，不停歇地循环流动着。**

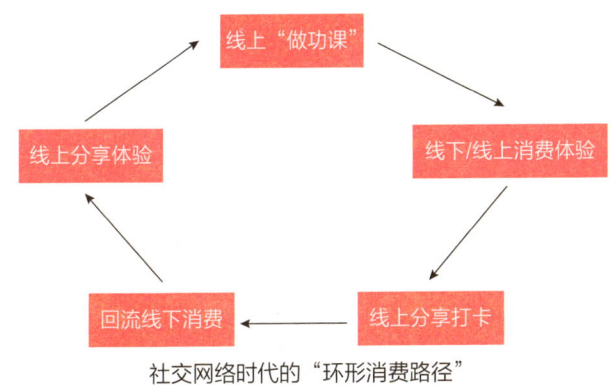

社交网络时代的"环形消费路径"

瑞士腕表品牌浪琴曾推出过一款名为"心月"的腕表，自问世以来已历经十年的市场洗礼，但其销售表现一直缺乏亮点。2021年，浪琴基于这一经典系列推出了全新升级的"心月月相"腕表，最初专注于国际市场，并未在中国大陆地区销售。出乎意料的是，中国大陆的消费者对这款腕表表现出了浓厚的兴趣，他们通过小红书等社交平台上其他消费者的海外购物分享，认识了"心月月相"腕表，并纷纷前往浪琴门店询问、试戴。这一现象大大出乎浪琴中国大陆市场销售人员的意料，他们快速向浪琴瑞士总部反馈，将"心月月相"腕表引入了中国大陆市场。这款腕表在中国大陆市场迅速走红，一度卖到断货，至今仍是浪琴旗下的一款畅销产品。

从浪琴"心月月相"腕表的案例中可以看出，消费者漫不经心的主动分享或许能为企业带来意想不到的商机。按照传统的产品市场策略，企业总部通常会分析各地市场的销售数据，以判断在什么国家发布哪些产品。这是一种相对稳妥的市场销售策略，可以尽可能地保证每个市场中产品的供需平衡。然而，"心月月相"腕表的走红提醒了我们，在消费者需求变得多元和复杂、消费者主动性大幅提升的当下，产品市场策略也需要变得更加灵活、快速，甚至需要企业见微知著、"预判未来"，能够提前发现用户的潜在消费需求或消费趋势。

这一改变，本质上也源于互联网技术的发展极大地降低了消费者分享的成本，使得人们更容易在网络上分享自己的经验、知识、技能甚至创意。美国作家克莱·舍基（Clay Shirky）在其著作《认知盈余》中提出过一个假想：如果我们将全世界受教育公民的自由时间看成一个集合体、一种认知盈余，那么，这种盈余会有多大？

"认知盈余"这一概念是指，随着社会的发展和技术的进步，人们拥有越来越多的自由闲暇时间，而这些时间可以用来创造、分享和合作，人与人之间可以交换彼此盈余出来的认知。比如，美国人一年花在看电视上的时间约有2000亿小时，这几乎等于编辑2000个维基百科项目所需要的时间。当人们把自由时间投入到共同

的兴趣和目标中时，可以形成强大的社会力量，甚至能够推动社会变革和文化发展。

从 2023 年开始流行在年轻人中间的"听劝"文化，就可以被视作"认知盈余"在中文互联网领域开出的一朵花。2023 年，在小红书社区中"听劝"相关话题浏览量超 9 亿次，搜索同比增长 51 倍，近 300 万篇关于"在线听劝""听劝互助"的笔记发布。小红书每一篇关于"听劝求助"的笔记，平均都会收到 43.9 个陌生人的回答。

"听劝"文化本质上体现了一种基于信任的人际关系的构建与集结。它在互联网个体化浪潮中催生出一种新型的社交纽带，在虚拟空间中构筑出一个真诚的交流空间。近年来，"互助式旅游"在年轻人中风靡开来，与其说它是一种旅行方式，不如说更像某种充满活力的社交体验。"互助式旅游"是指旅行者们相互出谋划策，慷慨分享他们的旅行秘籍，无论是"出游白名单"还是"旅游避雷攻略"，都在试图为其他人提供更好的旅行体验。让人们在旅途中能够实时互动，分享"前方求助实况"的即时动态。

想象一下，当你即将踏上一片未知的土地，只需在小红书社区发出你的疑问，如"川西午后的天空是否晴朗""新疆伊犁的清晨道路是否畅通"或"红山动物园周末的人流量怎么样"，这些具体的问题便会穿越网络到达那些愿意分享的用户的信息流中，他们通过评论区将自己的亲身经历和观察实时分享出来，为大家的旅行增添一份确定性。

在"互助式旅游"场景下，每一位用户的旅行体验都有可能成为其他人的消费决策参考，如果某个旅行地的负面评论太多，其人流量就会大受影响，相反，如果一个地方能够赢得游客的一致好评，它便有可能突破原有的市场边界，实现"出圈"，吸引超出预期的游客潮。

陀思妥耶夫斯基曾在《卡拉马佐夫兄弟》一书中写道："要爱具体的人，不要爱抽象的人。"他不会想到，这个观点在一百多年后的社交网络时代激发出了最强烈的"回音"。无论我们是否承认，媒介渠道的变化已经深刻地改变了用户的消费心理和消费行为。

如今，企业面对的不再是一群"面目模糊"的消费者，而是一个个具体、鲜活的人。消费者很难被简单地塞进一个个贴着"年龄""性别""地域""收入"等标签的盒子里，他们的每一个细微的喜好、每一场心绪的流动、每一次真实的表达，都能被技术灵敏地捕捉，而这些数据就如同一把宝贵的"钥匙"，可以为企业打开一扇深入理解消费者内心的大门，让企业的营销策略更加精准、高效地服务于每一位具体的消费者，在竞争激烈的市场中脱颖而出。

第二章 营销模式的迭代

1

品牌广告的困境

当我们追溯了互联网媒介的发展特征之后，不妨再将目光聚焦到互联网广告营销领域，一起来看看这里又掀起了哪些翻天覆地的变化。

互联网营销预算投放的广告类型主要可以分为品牌广告和效果广告两大类，它们有着各自不同的目标、特点和效果衡量标准。

品牌广告是一种旨在建立和加强品牌形象、提升品牌知名度和市场占有率的营销方式。它的核心目标不是直接促成销售，而是在消费者心智中开辟出属于品牌的一席之地，从而更长期地影响消费者的购买决策、创造品牌溢价。品牌广告不直接追求"交易"，而是试图通过与消费者"交心"，来换取更长远、稳定的利益。

常见的品牌广告有电视广告、报纸广告、杂志广告、户外广告（如公交车身广告、户外大屏幕广告）等传统广告，也有视频贴片广告、

App 开屏广告、网站 banner 等互联网线上广告。

在营销史上,品牌广告曾经扮演过重要角色,在许多公司的发展历程中,品牌广告也曾立下"战功"。我们将时钟拨回 1997 年,当斯蒂夫·乔布斯回到阔别多年的苹果公司时,他面临的是高额亏损和下滑的市场份额。乔布斯上任后所做的第一件事,就是掏出一亿美元进行了一场广告宣传,在这次广告战役中,苹果公司提出了那句知名的口号:Think different。

长达一分钟的"Think different"广告片没有展示苹果公司旗下的任何产品,而是闪过了阿尔伯特·爱因斯坦、马丁·路德·金、约翰·列侬、理查德·布兰森等一系列人物的肖像,他们在各自的领域内展现了非凡的创造力和变革精神,在他们的肖像下方是"Think different"标语和苹果的标志性 Logo。

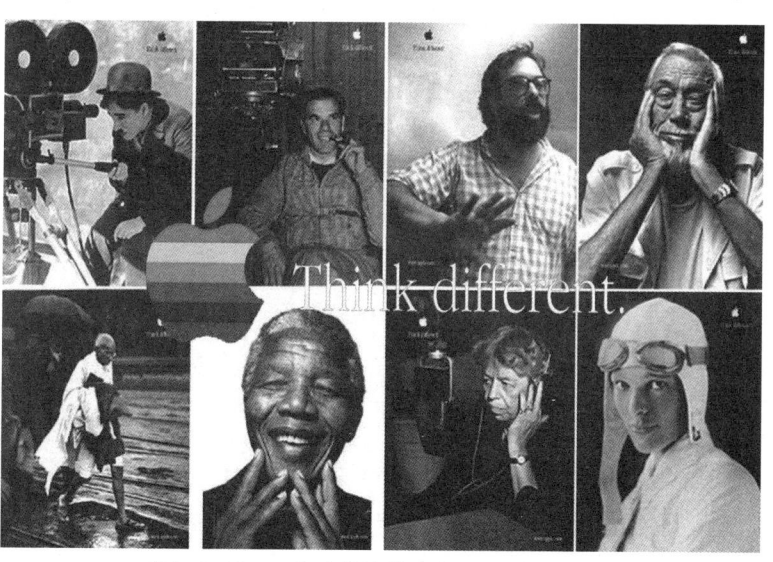

"Think different"广告片截图(图片来源于网络)

"Think different"广告片在文案中写道:"向那些疯狂的家伙们致敬,他们特立独行,他们桀骜不驯,他们惹是生非,他们格格不入,他们用与众不同的眼光看待事物,他们不喜欢墨守成规,他们也不愿安于现状……或许他们是别人眼里的疯子,但他们却是我们眼中的天才。因为只有那些疯狂到以为自己能够改变世界的人,才能真正地改变世界。"

"Think different"广告片在当时取得了巨大成功,不仅提升了苹果的品牌形象,还激发了消费者对苹果产品的新兴趣,在他们的心智中埋下了"苹果=创新"的品牌形象,为后续Mac、iPod、iPhone和iPad等产品的发布奠定了基础。在广告战役后的一年时间内,苹果的股价翻了三倍,获得了超3亿美元的盈利,在苹果公司的发展史上添加了浓墨重彩的一笔。

可以看出,在媒介渠道尚未碎片化的时代,品牌广告以其精巧的创意、浩大的声势,很容易对消费者心智形成深刻的影响。但不可否认的是,自品牌广告诞生以来,其头顶就一直悬挂着一柄达摩克利斯之剑——品牌广告的效果很难追溯,这就是广告圈常说的:"我知道浪费了一半的广告预算,但我不知道浪费的是哪一半"。从营销成本上看,品牌广告的投放费用通常比较高昂,一方面因为大众媒体的投放费用门槛较高,另一方面因为品牌广告的物料制作成本也较高。同时,品牌广告在投放效果上往往呈现出大起大落的单点脉冲模式,一波"品牌战役"(Brand Campaign)打出去,当时能收获较大的关注度,但战役结束后声量往往会快速回落,难以形成细水长流的影响。

互联网品牌广告的衡量指标通常有曝光量、点击率（CTR，Click-Through Rate）、消费者满意度、社交媒体话题讨论度等。由于效果难以衡量、投放成本高昂、声量无法维持等多重因素影响，品牌广告如今陷入被一些企业打入"冷宫"的境地。尤其在经济较为紧缩的时期，企业往往希望找到性价比更高、更立竿见影的营销方式。

2

效果广告的旋涡

互联网效果广告是一种旨在创造可衡量的商业结果的广告模式，它通常专注于达成某个明确的商业目标。比如提升网站访问量、增加用户注册量或提高销售业绩等，并且广告主只需为这些可衡量的结果付费。

在效果广告的模式下，企业可以通过精准的目标受众定位和高度相关的广告内容，激发消费者的即时兴趣并引导他们采取行动。点击率、转化率（Conversion Rate）、每次点击成本（CPC）等指标通常被用来衡量广告的效果，确保广告投入产出比（ROI，Return on Investment）最大化。

互联网媒体尤其是搜索引擎、社交媒体和智能化推荐平台，都为效果广告提供了理想的投放环境。通过这些平台，广告主可以充分利用大数据和算法优化，实现广告的个性化和精准投放，从而提高广告的有效性和效率。与旨在提升品牌知名度和形象的品牌广告不同，效果广告更侧重于可量化的业绩成果，通过各种在线指标，如点击率、转化率、每次点击成本等，广告主可以精确地评估广告的表现和效果，从而确保投放的透明度和效率。

效果广告通常基于按效果付费（Performance-based）的模式，这意味着广告主只需为实际产生的结果支付费用。这种模式降低了广告主的风险，他们不必再为未产生效果的广告曝光或点击支付费用。同时，效果广告的快速反馈机制让广告主能够迅速识别哪些广告内容和渠道最有效，从而快速迭代和改进广告策略，实现持续的营销优化。

然而，如果广告主过度投入效果广告，其弊端也很容易浮现出来。最典型的一个困境就是，一旦企业停止投放，效果就会随之消失。此外，虽然投放效果广告能带来立竿见影的销量转化，但随着互联网投放成本水涨船高，企业往往容易陷入空有销量却没有利润的窘境。

一些互联网内容平台上的电商直播，每场动辄可以获得高达千万元甚至上亿元的 GMV（Gross Merchandise Volume，商品交易总额），但由于许多消费者是因为被低价吸引冲动下单，导致直播的退货率极高，在服饰、珠宝等行业退货率甚至高达 60%～70%，远远高出传统电商的退货率，许多商家为此苦不堪言。

从用户体验的角度来看，大多数效果广告的物料质量都较为低下，诸如"9.9元立刻下单""限时抢购，错过即无""三二一上链接"等，这些文案内容和视觉设计都具有明确的行动号召（CTA，Call to Action）属性，重点突出产品或服务的优势，并强调具有吸引力的优惠或福利，以激发消费者即刻下单的购买欲望，但这样的内容对品牌形象建设无益，甚至容易伤害品牌形象和调性。

在企业日益追求生意确定性的当下，尽管存在流量依赖性、成本上升和品牌形象受损等潜在风险，效果广告依然因其直接性和即时性而受到广告主的青睐。但是，为了实现长期的生意增长和品牌形象提升，企业仍需要在追求短期效果的同时，平衡品牌建设和长期价值，以避免过度依赖效果广告而造成的负面影响。

如果缺乏迅速而显著的业绩增长，企业的生意和经营就会难以为继，但仅有短期的销量却没有长期的品牌沉淀，企业就难逃昙花一现的命运。现代营销学之父菲利普·科特勒认为，营销的本质是企业创造、沟通和传递价值的能力，以及能够针对目标市场获取利润。这种能力简称CCDVTP。所谓CCDVTP是指：创新（Create）、沟通（Communicate）、价值传递（Deliver Value）、目标市场（Target）和获利（Profit）。

营销的"营"，本质就是让企业掌握流量和定价的主动权。具体而言，"营"指的是企业营销的策略和规划部分，包括品牌建设、市场定位、目标客户分析、流量获取和定价策略等。这都是企业为了吸引和保留客户而开展的长期、系统的活动。通过有效的营销活动，企业可以建立起品牌认知度，提高市场份额，从而掌握流量和定价的主动权。

营销的"销"，更多指的是销售行为本身，即产品或服务的直接交易过程。如果企业只将重点放在"销"上，就很容易陷入"价格战"，为了促进销售不断降低价格，导致利润空间缩小，最终损害企业的盈利能力。此外，如果缺乏有效的营销策略来吸引消费者，企业就需要依赖昂贵的广告或促销活动来获取流量，导致营销成本的增高，长期的低价销售和高成本流量获取会导致企业的利润下降，使原本有利可图的生意变得无利可图。

互联网时代，企业营销仿佛跌跌撞撞地行走在一架"独木桥"上，这架"独木桥"由数字化的流量、瞬息万变的消费者行为、激烈的竞争环境以及日新月异的技术变革构成。企业必须小心翼翼地保持平衡，才能不断找到创新的增长点和发展机会。

3

种草营销的兴起

有没有一种营销方式,既能满足企业短期的生意转化需求,又能帮助企业积累长期的品牌价值呢?如今,这可谓是一道摆在无数企业面前的营销"难题"。

破解这道"难题"的方法,依然藏在消费者这一"原点"中。菲利普·科特勒认为,当今最好的营销方式,就是人与人的沟通,即"H2H"(Human to Human)。在他看来,人与人之间的表达是最关键的,无论是与消费者、生产者、分销商或物流沟通。

互联网技术的发展和社交网络的流行,为普通人的主动表达、与人的交流创造了一个唾手可得的空间。消费者在网络上每一次点赞、收藏、评论、转发,都是在表达自己的好恶,他们对商品与服务的选择和分享都是在为自己想要的生活"投票"。如今的商业世界不再仅仅充斥着商家们的"一家之言",来自消费者的声音日益清晰而响亮,商业世界的焦点逐渐从企业转移到用户身上。

"种草"营销的流行，就诞生在这样的背景之下。"种草"这个词，究竟是在何时从一个园艺领域的词变成一个营销专用语，已经很难考证。但可以肯定的是，这是一个来自民间、由消费者自发创造并推广普及开来的概念。种草的诞生可追溯至 2010 年前后，用户用种草来表达自己对某个商品或服务产生了兴趣、有了购买的欲望。并且种草通常发生在普通用户之间，指一个用户被另一个用户的分享打动。

与单一的品牌广告或效果广告不同，种草营销的链路更复杂，需要企业对消费者需求有更精微的洞察。如何把一个产品或服务，像一枚种子那样种进消费者心中，并引发消费者快速购买，这十分考验企业的营销能力。

在消费者在营销舞台上的位置不断上升的当下，企业唯有拆掉传统营销思维的墙，才能轻装上阵，以更轻快的步伐追赶消费者。种草的本质，就是企业在当下营销环境中与消费者高效沟通的一种方式。

在种草这件事上，消费者绝对是企业的老师。企业想要做好种草营销，不妨以用户为圆心，从以下五个步骤去扭转营销思维，找到与用户同频沟通的新方法。

步骤一：把主动权交给用户

美国彩妆品牌 Bobbi Brown（芭比·波朗）曾推出过一款妆前柔润底霜，"妆前霜"是底妆类产品的一个细分赛道，通常在用户护肤的最后一个步骤使用，目的是掩盖肌肤的小瑕疵，使得上妆效果更细腻、均匀。

Bobbi Brown妆前柔润底霜刚推出时，并没有取得热烈的市场反馈，加之美妆护肤赛道早已是一片竞争激烈的红海，这款妆前柔润底霜想要脱颖而出，可谓困难重重。于是，Bobbi Brown重新把目光投向用户，试图从用户尚未被满足的细分需求中，找到产品推广的破局点。

Bobbi Brown通过小红书社区数据，发现了一个显著的用户需求趋势。近年来，许多年轻用户开始追求极具自然感的"妈生好皮"（指与生俱来、母亲赋予的好皮肤），在这一趋势下，用户对美妆底妆的核心诉求则是"服帖"和"不卡粉"，因为她们非常抗拒因不自然的底妆而造成的"假面"感。虽然用户需求已经浮出水面，然而在"让底妆更服帖"这一细分领域，还没有出现一款能够满足用户需求的明星产品。这对于Bobbi Brown而言，无疑是一个难得的机会。

为此，Bobbi Brown在这款妆前柔润底霜的推广过程中，将产品卖点锁定在用户最关注的"服帖""不卡粉"上，提炼出"妆前卡粉救星"这一核心定位。不仅如此，Bobbi Brown还在小红书社区收获了意外之喜——不少用户使用了该产品后，在笔记中分享这款产品拥有一股"淡淡的柑橘香气"，并有用户开始自发地称呼它为"橘子霜"，这一来自用户的产品昵称，远比产品本身的名字传播力强，Bobbi Brown趁势推广"妆前橘子霜"产品昵称以顺应用户认知，这一举措不仅降低了新产品的推广成本，还仿佛摁下了产品口口相传的传播按钮。

Bobbi Brown 从用户的需求洞察中找准了产品卖点，又从用户的智慧中收获了"橘子霜"这一产品昵称，从产品的销售效果来看，也成绩不俗。营销期间，"橘子霜"在小红书站内的搜索量同比上升数十倍，不仅如此，这款产品在电商平台上产品的销量也同步飙升。在中国购物网站之一的淘宝上，"橘子霜"产品销量 YOY（Year on Year）同比增长数倍，还跻身淘宝网站热搜面霜前列。

从 Bobbi Brown 橘子面霜的故事中可以看出，当企业在营销层面与用户采取更多的合作，就会收获许多惊喜。"以用户为中心"早已不是一句新鲜的口号，但在"种草"营销中，却是一条重要的黄金定律。

菲利普·科特勒曾指出："被网络连接的消费者，越来越像一个具有共同精神追求和普世价值观的立体的'人'，我们需要超越琐碎而狭隘的'营销技术与手艺'，将'交换'与'交易'提升为'互动'和'共鸣'。"

种草营销的精髓，就在于把消费者放置在营销的主导位置并不断地激发他们的主动性。在今天的媒介环境下，种草营销更像是一种顺水推舟、顺势而为的智慧。

步骤二：从抽象到具体的用户洞察

当企业有了把主动权交给用户的意识后，下一步要做的就是更好地理解用户。今天，那些对用户需求和消费偏好有着更深刻洞察的企业，往往更容易获得市场的热情反馈。

前文提到过陀思妥耶夫斯基的一个观点，"要爱具体的人，而不是爱抽象的人"。在人与人的爱恋关系中，人们往往容易迷恋一个理想化的幻影，而非真实、具体的存在。品牌与消费者的关系也有相似之处，许多品牌会这样描摹自己的用户画像——"这款产品的目标用户是一二线城市的白领女性，她们追求精致的生活"，但大多数时候，这些描述仅仅是企业对理想用户的"幻想"，这些抽象的描述并不能真正切中出用户的具体需求。

在过去，甚至是今天，企业的用户研究通常依赖于结构化的市场问卷调查，这些问卷企图用一个个问题和选项，引导消费者将自己的需求和偏好进行归类和提炼，但这种方式通常只能揭示消费者浅层的需求，通过市场问卷调查所了解到的消费者往往是抽象的，是基于单一维度的认知。此外，市场调研数据有时可能并不真实可靠，原因在于消费者在意识到自己被调研时，可能会有意无意地迎合调研者，或故意提供不真实的反馈。

消费者内心深处未被表达的需求，才是一座巨大的宝藏，这些需求往往是真实而迫切的。今天，企业可以在各个社交平台上倾听消费者自发、真实的表达，在不同的生活场景中，可以观察到用户更复杂、多样的需求。

试想一下，当我们想向用户推荐一款热水器时，通常会瞄准什么样的人群？在传统的营销思维中，热水器的目标用户一般是家居人群，用户的消费场景通常是在进行家庭装修时，这一时期是他们选购热水器的高峰期，而用户的使用场景无疑就是洗澡。在这样的市场洞察下，企业通常会瞄准家居人群，通过产品测评、家装攻

略类型的内容进行线上种草，导致该领域的营销动作同质化程度非常高。

2023年，海尔集团旗下的高端家电品牌卡萨帝却将一款新推出的热水器，成功种草给了美妆护肤人群。这款售价数千元的产品，到底是如何种进小红书美肤人群心智中的呢？这与卡萨帝精细化的用户洞察分不开。一开始，卡萨帝通过小红书社区笔记洞察到，在"洗澡"相关的笔记中，还埋藏着"身体护理""温和水质"等关键词，这表明用户在日常生活中对于"洗澡"已经不再满足于"清洁"这一基本需求，而是更渴望通过"洗澡"实现护肤、美肤的额外效果。而卡萨帝这款"水晶胆电热水器PROS3"恰好具备满足用户这些多元需求的产品特点，这款产品的"水晶内胆"可以避免产生金属、锈水、镁渣等伤害皮肤的物质，同时该产品还添加了矿物元素"锶"，以起到收缩毛孔、抗氧化的功效，对敏感肌、婴幼儿等人群也更友好。

收获了跳出常规的用户洞察并匹配了产品功能后，卡萨帝并没有直接用原有的产品卖点与用户进行沟通，而是进一步洞察目标用户需求，并进行产品卖点的"转译"。卡萨帝通过小红书数据洞察到，近年来，"温泉"相关的内容在小红书颇受欢迎，相关笔记多达171万篇，其中"泡私汤"的笔记多达82万篇，"私汤"因其私密性和疗愈感，成为许多高消费力用户旅行休闲中的热门项目。卡萨帝从这一洞察中得到启发，从产品含"锶"这一差异点出发，创造了"小私汤"（锶谐音私）这一产品昵称，将产品语言（富锶矿泉浴）转译成用户语言（小私汤）。"小私汤"这一昵称简单易记，并能向用户描绘出"一台卡萨帝热水器＝一池私人温泉"的画面感。同时，卡萨帝在营销传播中也打出"养成牛奶肌"的口号，开启了这款热水器的推广之路，并成功使产品的受众人群从"家装人群"破圈到"美肤人群"，甚至是"母婴人群"。经过两个月的种草，"卡萨帝小私汤"这一关键词在小红书站内搜索量飙升，在销量上也获得了用户的"投票"，该款热水器在电商平台的 GMV 过千万元。

在传统家电领域，大型家电产品通常由于其使用周期大的特点，难以成为社交媒体上的热门话题，其线上营销也面临着难以创新的困境。热水器、电冰箱、空调，如果用传统的营销眼光去看待它们，难免会觉得这些产品平平无奇，难以引发消费者的关注与讨论，围绕它们所展开的营销活动也很难突破固有的人群界限。然而，"卡萨帝小私汤"的成功案例为我们展示了一个全新的营销视角：<mark>在消费者需求不断升级、日益追求个性化和多元化的今天，深藏在用户需求背后的，是产品脱颖而出的无限可能</mark>。通过对用户需求的深入洞察和精准把握，即使是最普通的家电产品也能成为市场的焦点。家电产品在物理空间中或许只能默默无闻地待在某个角落，但在用户多样、具体的需求中，却能找到出人意料的使用场景。通过创造与用户生活紧密相关的话题，家电产品完全有可能成为社交媒体上的热议焦点，实现营销的破圈效应。卡萨帝小私汤案例告诉我们，下一个产品走红的密码，或许就藏在用户的日益更迭的需求之中。

步骤三：重视种草链条上的关键声音

当深度洞察用户需求之后，企业面临的下一个关键挑战就是与用户的高效沟通。在传统的营销链路里，企业往往习惯采取"一对多"的沟通方式，这样的方式有其优势，比如物料制作成本较低、沟通

效率较高。然而，随着渠道触点变得碎片化，以及用户筛选、过滤信息的能力提升，"一对多"的单向沟通模式渐渐失效了，企业需要采取"多对多"的精细化、定制化沟通模式，才能获得用户的关注与信任。

在种草营销的舞台上，KOL 是一个绕不开的重要角色，他们可谓种草链条上的关键声音。某种意义上讲，KOL 就是企业声音的"延伸"，这些鲜活的个体就如同一个个柔软的触角，可以巧妙地抵达消费者的心智，和他们进行深入的沟通。

联合利华旗下的凡士林是一个拥有 150 多年历史的护肤品牌，其产品的用途较为单一，通常用于润肤、保湿。近年来，凡士林在日益红海化的护肤市场面临用户流失的挑战，旗下产品在市场中缺乏热度。凡士林旗下经典修护晶冻产品就急于突破单一滋润功能，从而打开更广泛的市场需求，实现消费人群的扩圈。凡士林在小红书社区中发现，许多博主已经主动创造出经典修护晶冻的多样化用途，比如有博主分享她用凡士林薄涂在眼周，收获了明显的祛黑眼圈效果；也有博主用凡士林制作了急救面膜——在脸上涂满凡士林后，再用湿纱巾敷 30 分钟，就能获得不错的保湿效果，并且这一用法对敏感肌用户也很友好。除了润肤护肤功效，甚至还有博主解锁了凡士林经典修护晶冻一些意想不到的用途，比如用它来做睫毛定型，效果堪比睫毛定型液——将凡士林涂在睫毛膏刷子上再刷睫毛，就能体验"睫毛翘到睁眼可以戳到上眼皮"的感觉。在充满创意和执行力的博主手中，凡士林经典修护晶冻甚至还可以化身便携式固体留香膏——将凡士林分装到小盒中加入香水，搅拌均匀后冷藏一晚即可制作而成。

经过 KOL 多场景的演绎，一小罐朴实无华的凡士林经典修护晶冻被解锁出多样化的用途，不仅有效拓宽了产品的使用人群，也提升了这款产品在社交媒体上的热度。为了紧跟着消费者多元化的诉求，凡士林还推出了一款"多用罐"，以其"一瓶胜多瓶"的多功能特性为卖点，满足消费者追求实用的需求。

在种草的过程中，KOL 扮演着企业珍贵的"合作伙伴"的角色，他们对目标消费者的影响力有时甚至可以超越品牌自身，这是因为 KOL 在进行种草的过程中，不仅仅是在向粉丝介绍产品，更是在分享自己的生活方式、审美理念和情感体验。这种深层次的情感共鸣和价值传递，可以极大地增强消费者的购买意愿。

在种草营销中，KOL 最大的优势就是他们能将无数产品带下冰冷的货架，带入一个个温暖、多彩的生活场景之中，在具体、多样的生活场景中，完成对用户的种草。在小红书社区，就活跃着许多这样的博主，他们往往都是种草高手。尽管"种草"这个词近十年才出现在人们眼前，但它的根底却天然地生长在人类的文化基因里。在 KOL 超强种草能力的背后，隐藏着一个"消费模仿律"。

"模仿律"这一概念由法国社会学家加布里埃尔·塔尔德（Gabriel Tarde）在其著作《模仿律》中提出。塔尔德认为，模仿是人类社会生活的基本机制，个体和群体之间的行为、观念、习惯和创新通过模仿进行传播和演变。塔尔德认为人的一切社会行为都是模仿，他对模仿的定义是："一个头脑对隔着一段距离的另一个头脑的作用，一个大脑上的表象在另一个感光灵敏的大脑皮层上产生的类似照相的复写……如果我们说，凡是两个活生生的人之间存在着某种社会

关系，两者之间就存在着这个意义上的模仿。"

"模仿律"包含三个核心原则。第一个是"下降律"，也就是"从上到下"辐射的模仿，指地位低的阶层和个人总是模仿地位高的阶层和个人，人们普遍倾向于"向上看齐"，模仿那些具有吸引力或特定特质的人物。第二个是"几何级数律"，这是指一旦模仿行为开始，就会以惊人的速度在人群中扩散，形成几何级数式的增长，这可以解释为何某些时尚、观念或行为能在短时间内迅速成为流行趋势。第三个是"先内后外律"，这是指个体在模仿时通常会优先考虑本土文化和行为模式，而较少模仿外来文化，这解释了为何某些文化习俗在特定社会中能够得到广泛传播和接受。

消费领域的种草现象与塔尔德提出的模仿律之间存在着相似性。

首先，在消费领域，社会地位和时尚品位较高的人群往往会成为大众模仿的对象。例如，"明星穿搭"向来是许多年轻用户的穿搭模仿参考，近年来小红书上流行的"老钱风穿搭""富家千金妆容""知识分子穿搭"等也能体现这一点。此外，许多小红书博主正是因为他们在不同领域的丰富的生活经验而备受追捧，他们的推荐容易引起消费者的向往和模仿。这正是塔尔德"下降律"的体现，即人们倾向于向上模仿，追求那些他们认为更优越的生活方式。

其次，种草往往起源于一种模仿效应，而某种生活方式或商品一旦被种草，便能迅速吸引更大范围的公众关注和参与，就像前文提到的"几何级数律"，模仿行为如同滚雪球一般，以极快的速度迅速蔓延。以露营和飞盘为例，这些活动最初可能只是小众人群的爱好，但很快就跃升为大众的热门选择。

最后，在熟悉的领域内，人们对于认可度高的人物或事物的种草反应更为强烈。比如，相比于国外美妆博主，中国用户更倾向于信任和模仿本国的小红书美妆博主。这种现象体现了塔尔德的"先内后外律"，即人们更愿意模仿自己文化圈内的人物。当消费者对某个KOL的品位、生活方式产生信任时，他们就更容易被种草。小红书博主之所以种草能力强，就是因为他们展示的生活状态既令人向往，又显得真实可信。博主与粉丝之间的高频互动，让粉丝感到博主的生活方式是触手可及的，从而极大地增强了博主的种草影响力。

不难看出，种草现象的实质是一种模仿行为，其背后的深层动机是对认同的追求——"购买了这个产品，我就与你一样"。在日常生活中，模仿无处不在，"消费模仿"已成为一种普遍的社会消费模式。当消费者对他人的消费行为产生认同和羡慕时，他们会倾向于模仿这些行为，从而获得满足感。如今，许多消费者并不是被动地等待种草，他们甚至主动寻求种草，因为这个过程本身就能产生快乐。

步骤四：打造动态灵活的营销策略

在传统营销模式下，企业往往在产品问世之前就精心策划出一张详尽的"营销作战图"。这张作战图包括为产品起一个响亮的昵称、提炼向消费者传达的产品卖点、头脑风暴一个营销创意、挑选合适的明星或KOL作为代言人，以及在各类媒体渠道上分配预算等。然而，随着市场环境的快速变化和消费者主动权的提升，这种"万事俱备才行动"的市场营销策略正在面临巨大的挑战。如今，企业必须在产品走向市场的过程中，更敏捷地调整营销策略，让营销策略在动态的反馈和不断调整中，取得最高的投入产出比。

Colorkey 珂拉琪（以下简称 Colorkey）是一个年轻的中国彩妆品牌，它在 2022 年推出了一款名为"唇泥小彩蛋"的唇部彩妆产品。然而，Colorkey 当时面临的市场竞争格局并不乐观，唇部彩妆市场已经趋于饱和，细分品类层出不穷。在口红这一大品类下，就有唇釉、唇膏、唇霜、唇泥、唇纱等多种细分产品在消费者面前进行着激烈的角逐。这意味着，企业如果想在口红品类中脱颖而出，就必须具备高额的毛利和充足的市场预算，否则很容易铩羽而归。因此，Colorkey 试图寻找一个更为细分、竞争相对不那么激烈的蓝海赛道进行突破。

通过分析小红书上的用户搜索和笔记数据，Colorkey 发现了一个充满机会的赛道——唇泥赛道。唇泥的市场规模虽然不大，但增长势头较为强劲，更重要的是，这个细分赛道还没有被头部品牌完全占据。不仅整个唇泥市场仍处于快速扩张的阶段，并且当前唇泥市场上的头部品牌虽然占据了先机，但这一市场还存在许多未被满足的用户需求，后来者仍有机会。

基于这些洞察，Colorkey 决定主推旗下的唇泥产品，并从用户未被满足的痛点中寻找突破点。Colorkey 发现，当时用户对唇泥产品的"吐槽"主要集中在以下几个方面：首先，容易"拔干"（涂上后嘴唇变得干燥、导致唇纹明显）；其次，唇泥的色调饱和度低、不显气色；最后，许多唇泥产品的包装缺乏质感、显得廉价。面对这些真实的用户声音，Colorkey 开始反观自己的产品：透明的包装导致塑料感太强、缺乏质感,目前使用的软泥依然无法解决用户"拔干"的痛点。如果将这样一款产品放到用户眼前,即便品牌砸再多的推广预算,也很难让用户买单。于是Colorkey做了一个大胆的决定,先迭代自己的产品,再进行市场推广。

  Colorkey针对用户的痛点,将自己的产品唇泥小彩蛋进行了从内到外的革新。产品外壳包材从过去的塑料透明质地改成了磨砂质地,让触感和视觉上都更有质感、更显高级;唇泥也从过去的"软泥"升级为"奶泥",在唇泥中加入了油性滋润成分,形成"慕斯"质地,有效防止"拔干";在唇泥的色调上,Colorkey通过小红书数据发现,"茶杏色"是当时秋冬的流行色,不仅适合亚洲人肤色,妆效更自然、显白,也能与其他唇泥品牌主打的"桃粉色系"形成差异化竞争。经过这一系列的改造,Colorkey的产品卖点呼之欲出——"泥雾不拔干,显色高饱和",这一卖点可以说是从用户的需求中定制而生的。

  产品"万事俱备"后,如何通过市场营销制造出让产品乘势而起的"东风"呢?比起闭门造车,Colorkey又一次将目光投向用户。在小红书社区,每年都会流行各种新鲜的妆容,比如"高智感妆容""春日郁金香妆""台偶学姐妆""富家千金妆"等,这些妆容通常由美妆博主原创,然后引起大规模的用户仿妆。而在所有的这些妆容类型中,具有"人设"感的妆容往往更容易流行。Colorkey发现,当时"氛围感妆容"很受用户欢迎,这种妆容强调自然和谐的效果,同时会通过头发的蓬松度来增加整体造型的生动感。"氛围感妆容"也与Colorkey"唇泥小彩蛋"茶杏色的自然色调相得益彰,因此,Colorkey在"氛围感妆容"的基础之上,原创出一种新的"人设"感妆容——"在逃公主妆"。"在逃公主妆"的妆面比较清透,主打营造"甜美公主"的人设，同时搭配无辜感的眼妆、高饱和的唇色，另外在发型的搭配上也很讲究，注重打造高颅顶和使用复古发饰如蝴蝶结发箍等，营造出一种富有童话感和复古感的氛围。

在逃公主妆（图片来源于小红书账号"娱乐制造机"）

在后续的营销推广中，Colorkey 通过三个关键步骤，借势"在逃公主妆"妆容风潮推广唇泥小彩蛋。第一步，为了让"在逃公主妆"真正流行起来，Colorkey 邀请了数位小红书头部美妆博主为用户拆解如何一步步画出"在逃公主妆"，在这一阶段，大量高质量的笔记内容被创造出来，让更广泛的用户群体能够快速学会这种妆容。第二步，进入推广的核心环节，即通过"在逃公主妆"来推动用户对唇泥小彩蛋的产品认知，并完成种草。Colorkey 通过与博主共创一系列教程，引导用户学习和掌握这一妆容，在此过程中，Colorkey 唇泥小彩蛋也被巧妙地融入上妆过程中，成为打造"在逃公主妆"不可或缺的帮手。第三步，Colorkey 通过策划一场互动性强的活动来提升产品声量，发起了 # 寻找全网在逃公主 的话题挑战，充分调动 KOL、KOC 以及普通用户的参与热情，激发了大量普通用户参与打卡"在逃公主妆"，收获大量 UGC，将这一妆容趋势推向高潮。最终，"在逃公主妆"不仅在小红书上取得了显著的声量，这一妆容趋势还蔓延到其他媒体平台，实现了跨平台的传播和影响力扩散。

Colorkey唇泥小彩蛋的销售成绩也验证了本次营销策略的正确。这次推广中主打的茶杏色唇泥小彩蛋，首月销量相较于此前唇釉新品翻了数倍。不仅销量飞升，在小红书站内，唇泥小彩蛋的草也被种进了更多用户的心智中，首次涉足唇泥领域的Colorkey在小红书的搜索排名冲至第四位，搜索数据的背后是用户对品牌的主动关注和探索，标志着用户已被成功种草。

过去，企业经过模糊的市场调研，就带着新产品跌跌撞撞地走向市场，这样的营销策略放在今天已经不那么奏效了。在唇泥小彩蛋的营销推广中，Colorkey在营销策略中的每一步都敏捷地洞察了用户痛点与需求，这种敏捷的市场感知能力和对策略的灵活调整，正是Colorkey产品得以走红的关键。

步骤五：积淀品牌的"口碑资产"

在互联网世界里，每一秒钟都有海量的新信息被生产出来，而它们中的绝大多数都难逃转瞬即逝的命运。在这样的环境中，企业要想沉淀属于自己的品牌资产，就如同在流沙上建造一座坚固的宫殿那样，面临巨大的挑战。

种草营销相较于其他营销方式，其一大优势是可以帮助品牌沉淀"口碑资产"。口碑是在消费者之间自发地分享的产品、服务或品牌的信息和个人体验的过程中形成的。这种信息交流可以是正面的，也可以是负面的，通常通过日常对话、社交媒体等渠道传播。

我们在前文提及的营销案例中不难看出，把主动权交给用户的种草营销，更容易激发普通用户的参与，从而帮助品牌沉淀大量的UGC"自来水"内容，这些来自用户的千人千面的鲜活评价，非常有利于品牌形象的塑造或品牌信任度的提升。

五菱宏光是上汽通用五菱旗下一款多功能商务车品牌，曾创下累计售出 2500 万辆的销量奇迹。而五菱宏光 MINI EV 是一款车型小巧、价格亲民的小型电动汽车，在上市初期就展现出强劲的销量实力，曾以全年累计突破 55.4 万辆的销量成为 2022 年全球小型纯电汽车销量冠军。为了实现消费者的破圈，进一步扩大市场份额，五菱宏光 MINI EV 进行了产品升级，推出包括宏光 MINI EV 马卡龙、夹心款在内的一系列车型。

然而，在许多消费者的心目中，五菱宏光的品牌形象仍然停留在"典型叔叔座驾""实用的面包车"等标签上，尤其在年轻用户圈层中，五菱宏光更是缺乏关注度和讨论度。想把五菱宏光 MINI EV 这款车卖给年轻人，就要找到不一样的破圈方法。过去，汽车行业传统的营销比较依赖大规模品牌曝光和垂直汽车媒体的推广，然而这样的营销策略很难扭转年轻消费者对品牌的认知，遑论实现较高的销量转化。于是，上汽通用五菱需要探索一种新的营销路径。

上汽通用五菱通过小红书社区洞察发现，当时小红书站内汽车领域的热搜词中，用户在高频搜索"汽车内饰""汽车改色""汽车摆件"等关键词。尤其是小红书站内的女性消费者，她们对汽车内外观更改的热情高涨。与过去垂直汽车媒体重点向消费者推销汽车的性能、配置不同，小红书上的消费者更热衷于从个体的视角分享汽车颜值与行车生活。

过去，五菱宏光 MINI EV 虽然取得不菲的销量，但其在消费者心目中的形象却仅是"买菜代步车"，有了新的用户洞察后，五菱宏光 MINI EV 对产品定位也有了新思路。考虑到新款马卡龙色系的 MINI EV 外表小巧可爱，与当代年轻人重视汽车颜值的倾向不谋而合，加上其 3 万元左右的售价，对年轻人而言消费决策成本并不算高，因此，五菱宏光 MINI EV 从某种角度看，就像是年轻人的一个"代步大玩具"。结合小红书用户洞察，五菱宏光 MINI EV 决定在车辆改装设计上进行创新，为用户提供丰富的个性化改装选项，让消费者成为车辆改装的"主导者"。为此，它在小红书发起一个"潮装活动"，鼓励用户个性化地定制他们的车辆外观。在充满创意的用户手中，五菱宏光 MINI EV 变成了"行走的涂鸦墙"，满足了很多年轻用户对个性化、定制化和独一无二"限量版"产品的追求。五菱宏光 MINI EV 还通过与小红书博主合作发布笔记和话题，快速扩大了品牌内容的影响力和传播范围。经过这次营销活动，五菱宏光 MINI EV 品牌在小红书站内搜索排名上升，品牌热度提升明显，其官方账号也迅速涨粉，沉淀了优质的用户资产和内容资产。

在复杂多变的互联网媒体环境下，来自企业的单向度的声音很容易被用户当成噪声，稀释在信息的洪流中。如何激发用户的主动表达、如何有效沉淀用户的正向口碑，成为企业在种草营销中亟待解决的课题。

种草灵感二

用户是一流的产品经理

种草密码

第三章

小红书发展历程：从七份PDF，到一个社区让我们把时间拨回 2013 年——也就是小红书诞生的那一年，一起看看当时的中文互联网内容领域是一幅怎样的图景。

2013 年，新浪微博的日活跃用户数已达 4620 万；快手刚刚推出短视频功能，开始从一个 GIF 动图制作和分享平台转型为社交平台；微信公众平台也刚起步不久，正在快速生长中；而这一年距离如今已坐拥超 8 亿用户的抖音上线，还有三年时间。

2013 年，小红书上线了第一个版本的产品——七份名为《小红书出境购物攻略》的 PDF。《小红书出境购物攻略》上线的初衷，是为有出境旅游需求的用户提供海外热门购物场所与商品信息，PDF 的内容则由小红书核心创始团队组成的"微型编辑部"创作而成。这七份 PDF 被上传至小红书网站供用户免费下载，一个月时间下载次数突破 50 万次。然而，PDF 是一个很有局限性的内容载体，它的更迭速度较慢，无法快速反映动态的购物信息（如季节打折、店铺更新等），同时，PDF 的内容承载容量也非常有限，无法满足用户多样化需求，而这一切显然已经不是一个"微型编辑部"能解决的问题了。

为了激发更多内容生产、加快内容更迭速度，2013 年 12 月，小红书上线了 App 形态的产品——香港购物指南 App。这时的小红书还是一个垂直社区，它选择了 2013 年中国出境目的地排名第一的香港作为试点，来验证构建一个海外购物分享社区的可行性。2014 年 1 月，香港购物指南 App 更名为小红书购物笔记，开始致力于搭建一个海外购物分享社区。随着中国出境游的流行，那些想要寻求海外购物攻略的用户在 App Store 搜索时，就能在推荐列表里看到排在前位的小红书购物笔记。当时的小红书从微信朋友圈和新浪微博这两款社交平台中吸取灵感，将产品设计为笔记的形态，用户只需要发布图片、简单的文字，即可生成一篇笔记。比起长图文，这样的内容形态降低了用户的创作成本，便于他们随时随地在小红书上分享自己的见闻和经验，也让小红书与当时流行的蚂蜂窝、穷游网等主流旅游资讯平台形成了区隔。在没有市场营销推广的背景下，小红书购物笔记依靠精准的市场定位和独特的内容，在当年春节期间获得了首轮爆发性用户增长。随着用户的基数逐渐扩大，社区中的内容也开始泛化，与购物内容强相关的旅行、美食等内容的分享日益增多。

在 App 正式发布之前，小红书购物笔记已在新浪微博和微信公众号运营账号，通过发布海外购物相关信息，积累了近 4 万名忠实粉丝。他们就是小红书最初的种子用户。他们的画像是这样的：来自北上广深等一线城市，热爱海外旅行购物，iPhone 手机使用者，追求高品质生活。正是这些种子用户，为小红书社区的独特氛围确定了基调。

1

"有用"是小红书的"出厂设定"

"什么品牌差价最大？"

"是应该去奥特莱斯还是在市区商场逛就够了？"

"有啥本地特色产品能带点回去给亲朋好友？"

以上问题，用户都能在 2013 年的《小红书出境购物攻略》中找到答案，有趣的是，这些问题如果放进 2024 年的小红书 App 中，也丝毫不会令人感到违和。这就涉及小红书作为内容平台最核心的一个特点——它一直试图为用户提供"有用"的内容。"有用"就像小红书的"出厂设定"一般，一直牢牢贯穿在它的生长轨迹中。

在小红书前身诞生之时的 2013 年，旅游相关的产品已经有数十个之多，蚂蜂窝、去哪儿、穷游网、在路上、蝉游记、TouchChina……这个领域看起来已经是一片红海，但小红书就在红海里发现了未被满足的用户需求。当上述旅行平台都在努力为用户提供各式各样的旅行攻略时，市场上却缺乏海外的本地购物攻略，大量和购物相关的信息散落在旅游攻略中，有些信息点甚至已经过时几年了，这为《小红书出境购物攻略》的出现埋下了契机。

在发展历程中，小红书上的内容经过几次明显的变迁。一开始，当小红书还叫小红书购物笔记时，社区里的内容多数是海外旅行攻略、购物分享笔记，但随着社区里女性用户逐渐增长，社区中美妆、时尚类的内容成为主流。2020年对小红书而言是一个重要的转折点，彼时新冠疫情席卷全球，在居家隔离成为常态，用户们开始频繁地使用小红书寻求他人的居家生活经验分享，他们搜索宅家菜谱、健身方法等，来应对居家生活的挑战。当时，社区中最红极一时的内容是如何制作凉皮、空气炸锅炸万物等，美食内容开始盛行一时。而当疫情过去后，久居室内的用户开始对户外活动产生了巨大的向往和兴趣，露营、飞盘、陆冲、徒步等户外相关的内容开始在小红书上流行起来。

从内容的角度看，小红书上的内容并不像其他大部分内容平台那般"野蛮生长"，这一方面受其种子用户的影响，这群来自上海等一线城市的高消费力人群，本身对内容就有着独特的审美和质量要求，而另一方面则与小红书的创始团队有关，他们鼓励用户发布优质、优美的内容，让社区中的图片和物品显得更具吸引力。为了降低用户的"表达压力"，创始团队当时甚至将每篇笔记的图片数量限制为4张。小红书社区的内容因此逐渐形成一种既贴近日常生活，又略高于日常生活的风格。

纵观小红书的发展历程，可以看到一个产品跌跌撞撞扑向市场的过程，这个过程虽然曲折，却展现出小红书一个显著的特点：它能灵活地根据市场动态和用户反馈，迅速调整和优化产品策略。在持续的改进和更新中，小红书不断寻找并生长出独特的社区价值，通过差异化的内容和服务，在竞争激烈的市场中脱颖而出。小红书自身的成长故事，对在小红书上进行营销活动的企业而言，本身就是一个启发。

2

小红书产品设计逻辑：**双列信息流的初心**

深度理解小红书的发展历程，对于想要在社区中推广产品、实施营销活动的企业而言非常重要。企业可以从小红书最初的用户和最初的内容中找到营销活动的灵感。

社区和其他内容平台一个非常大的差异点，就是它更强调普通用户之间的互动，鼓励普通用户分享内容、评论他人的内容、参与话题讨论。在一个线上社区里，用户与用户之间会形成一个去中心化、高密度的沟通网络，而一般的内容平台则更重视内容的发布与消费，用户间的互动不如社区那样频繁和深入。

人类学家项飙曾提出过"附近"这一概念，他认为，现代生活完全被"时间逻辑"统治了，钟表时间变得非常重要，"空间"则变得不那么重要。比如，人们很容易苛责迟到两分钟的外卖员，却不会去关注外卖员是从哪里的餐馆取餐，送餐的路上又经历了怎样的交通状况。当抽象时间统治了人们的生活后，空间就成为一种附属性的存在，人们越来越倾向于通过抽象的概念和原则来建立自己在日常生活中对世界的感知，而不是通过对自己周边的感知来理解概念。因此，附近这个概念也随之消失了。沉浸在网络里的人们，不会关心与自己仅一墙之隔的邻居从事什么职业、也不会关心楼下早点铺的老板每天在为什么事情而烦心、上门送包裹的快递员这个月的业绩怎么样。虽然这些个体与个体之间细密而又复杂的关系构成了普通人生活的附近，它对人们生活正常运行也很重要，但它通常是被忽略的。

附近和小区、群体、部落这些概念不一样，它并非一个有边界的单位，在现实世界中，与附近最接近的单位可能就是社区，但物理世界的社区里依然是一群相对固定的人，它有相对固定的边界，内部的关系是稳定的、不流动的。但附近是随着人的行动而流动的，人走到哪里，附近就跟到哪里。

如果从这个视角来看，小红书在线上构建的社区，就比较接近项飚所提出的附近概念。在小红书社区中，人与人的关系是流动的，用户在社区里遇见的人并非只有自己的熟人、朋友或者物理空间内附近的人，还可以看到与自己有相同兴趣爱好、相似经历或相似心理状态的陌生人。

小红书 App 就连产品构建上，也透露出对社区形态的模仿。与抖音等主流内容平台采取单列信息流的首页模式不同，小红书 App 的首页是双列信息流的模式，其首页就类似一座城市的主街道，双列呈现的内容就像主街道两侧精彩纷呈的城市景观，有骑行穿梭的年轻人、有早餐铺、书店、宠物……

双列信息流和单列信息流产品用户界面设计的差异，并不仅仅存在于App信息的排布方式上，其设计背后还隐藏着更深层的用户内容消费逻辑。

左——双列信息流，右——单列信息流

单列信息流的设计模式更强调内容的沉浸式体验，用户只需滑动屏幕，就能轻松快速且不间断地从一个内容过渡到下一个内容，用户完全无须挑选信息，而是被动地接受信息"投喂"。并且单列信息流中的每一则信息，通常都通过手机全屏进行展示，减少了干扰因素，用户更不容易分心，加之智能推荐的分发模式，能让用户看到的内容大多是自己感兴趣的内容，因此单列信息流的产品往往更具备"杀时间"的属性。对用户而言，单列信息流模式的信息密度较低，他们在同样的屏幕空间内可以看到的内容较少，需要滑动更多次才能看到同样数量的信息，并且不利于用户对内容的发现和探索。但从内容平台的角度而言，单列信息流是一种效率更高的信息分发模式，它本质上是通过降低用户的信息选择权，来帮助平台获取更可观的用户使用时长，从而提升平台商业变现的空间。并且，单列信息流的模式让内容平台得以精准地捕捉用户对每一则内容的反馈（如停留时长）等，从而更准确地分析他们的内容偏好。

双列信息流的设计模式更强调信息密度和用户寻找内容的效率，内容被分为左右两列展示，这样的信息布局模式让用户得以在同一个屏幕空间内看到更多内容，并且用户可以主动挑选自己感兴趣的信息，而不像在"单列信息流"中只能被动地等待一条条信息排着队被推荐到自己面前。虽然从用户的视角来看，双列信息流提升了他们获取信息的效率，但从内容平台的视角而言，双列信息流却是一种低效率的信息分发模式，它提升了用户的信息选择权，却牺牲了用户使用时长，并且不如单列信息流模式那样能精准地捕捉用户对内容的反馈。不仅如此，双列信息流这种非沉浸式的信息获取体验无形中提升了对内容质量的要求，在这里，内容需要更有用或更符合用户的兴趣，才能不间断地抓紧用户注意力，防止用户使用时长的流失。

小红书选择了双列信息流的产品设计模式，一定程度上为用户提供了更大的信息选择权，也提升了用户对内容的控制感。用户在浏览小红书首页时，就像在一个街区中闲逛一般，面对街道两侧的店铺，选择自己感兴趣再走进去浏览一番。这样的产品形态，其实也加强了小红书的社区属性，让用户在这里获得更良好的内容消费体验。

　　项飙认为，附近对人们尤其是年轻人很重要，它是年轻人面对失控的生活时，可以为生活重新找到的一个"锚"，它可能是一个新的抓手和立足点，是大家重新建立对生活的可控感的一个基础。在流动的过程中，人会跟每一刻的附近发生关系、觉得每一刻的附近都值得生活于其中，从而产生对生活的真实感和掌控感。或许在小红书构建出的线上社区中，已经有用户正在重拾附近的温暖。

3

小红书社区分发逻辑：**把舞台交给 UGC**

经过十年的发展，如今小红书日活跃用户数量已达 1 亿，值得注意的是，抖音获得同样的日活跃用户数只用了约两年时间。在中文互联网内容平台里，小红书的发展速度相对较慢，这样的发展速度与小红书对 UGC 的坚持有很大关联。

在平台的流量分配上，小红书选择将大部分的流量分配给普通用户而非头部博主，这是一个惊人的比例。当一个内容平台选择把更多的流量倾斜给头部 KOL 时，流量的"滚雪球"效应就会更加明显，因为头部 KOL 生产的内容更符合用户内容偏好的"最大公约数"，从而更容易获得用户的点赞、收藏和转发，用户的使用时长就会更长。反之，当平台把更多的流量分配给普通用户时，则会降低流量的集中度，稀释流量"滚雪球"的势能。

小红书选择将大部分的流量分配给普通用户，源于它对做 UGC 社区的坚持，这犹如将象征着发言权的话筒递到每一个普通用户的嘴边——只要他们生产出有价值、有用、有观点的内容，就能收获成千上万的点赞、收藏和评论。如果我们细心观察就会发现，在小红书的双列信息流中，不时能刷到一些万赞爆文，而生产这些爆文的博主或许只有几十个甚至十几个粉丝，他们就是一个个普通用户，但依然能通过好内容得到其他用户的点赞与评论，这样的情况在其他内容平台并不多见。

过去，在豆瓣、天涯这些成立较早的社区中，平均分享人数占总用户数的比例不会超过 10%，也就是 10 个用户中，只有不到 1 个用户会真正发布内容进行分享。在新浪微博等非社区类型的内容平台，这一比例更低。分享人数与用户总数的比值，可以用来衡量一个内容平台中用户的参与度到底是高还是低。截至 2024 年上半年，小红书月活跃用户数破 3 亿，其中有超过 8000 万的分享者，分享人数与用户总数的比例已经超过 26.66%。当一个平台上用户参与内容创作的水位越高，这里的内容就会越多元化，加上如果这个平台的用户普遍具有较高一些的内容创作和审美能力，那么这里的内容就会异常多元、蓬勃发展。

小红书对 UGC 的坚持，激发着普通用户分享内容的意愿，这种被看见、被回应和利他的良好感受，让用户之间形成了一股正向循环的内容生产与消费动力。在小红书社区中，许多用户在现实生活中积累了物理世界和精神世界的体验和经验，通过线上社区进行分享，让其他处在同样生命阶段、情绪阶段的用户从中获得帮助或共鸣，并激发他们在现实中践行，再回到线上进行分享，由此形成源源不断的正向循环。

小红书上用户关注他人时甚至能获得一种"追剧"式的沉浸体验。所谓"追剧",是指一些小红书用户看到某篇笔记之后,就期待能追踪事情后续的发展,想要"蹲下文"。曾有一位普通小红书用户发布了一篇笔记,主题是她猜测男友将在电影院向她求婚,因为她注意到了一些微妙的迹象,觉得男友正在策划一场浪漫的求婚。她在笔记中分享了这些迹象,让其他用户帮助她一起判断。这篇笔记激起了用户强烈的反馈,获得了 11 万个点赞和超过 3 万次收藏,在笔记的评论区中,许多用户积极留言互动,有人调侃她"快去练习捂嘴惊喜哭的表情,别在这里发帖子了",还有许多用户表示"如果有后续,请一定要踢我一下"。几天后,事情的发展果然如这位博主所料,她的男友真的在电影院里向她求婚了,许多用户在评论区表示"蹲到了后续",感到非常满足。从这个小故事可以看出,来自普通个体的有趣的生活经历,在小红书社区中也能得到其他用户的关注和出谋划策。

"利他"(Altruism)也是小红书社区内容的一个特质。利他是指个体在不考虑个人利益或回报的情况下帮助他人。在小红书,"利他"的内容往往更受到用户的欢迎,求助类的内容往往也能得到积极的响应。利他的美好,本质上来自一个人对他人的生活产生了影响力,这能让分享者感受到善意的激荡和循环。

王胖子王是一名拥有 2 万粉丝的小红书博主,她是一位帅气的女孩。2023 年 3 月时,她忽然收到一位粉丝的私信,对方是一位单亲妈妈,因为长时间只有自己一个人去接孩子放学,因此希望王胖子王能陪自己接一次孩子,觉得孩子看见"新朋友"会很开心。王胖子王欣然答应,在驾车去学校的途中,这位妈妈敞开心扉和博主聊起自己的生活和育儿感悟，聊完后觉得轻松了许多，而这一过程中博主也收获了价值感。自此之后，各种千奇百怪的"陪伴需求"接踵而至，"老王，陪我去路边叹气""老王，下雨了，陪我去淋雨""老王，陪我去灵隐寺""老王，陪我表白"……"王胖子王"通过小红书视频笔记将这些经历记录下来，让更多的用户感受到治愈和温暖。

在小红书社区中，类似博主王胖子王的故事并不少见。当平台把更多流量分配给普通用户时，他们的表达欲和互动欲就会大大增强，从而使社区呈现出更多元、丰饶、蓬勃的生长态势。小红书社区的分发逻辑，对于企业推广品牌和产品而言就如同一张"地图"，可以帮助企业不必迷失在信息的迷宫中。

小红书用户画像

如何与年轻人或 Z 世代进行更高效的沟通？

如何让自己的产品成功吸引年轻人的注意力？

如何让越来越挑剔的年轻人成为品牌的"忠粉"？

这些问题，一直是悬在许多企业面前、亟待破解的"难题"。而这些"难题"最好的答案，或许就埋藏在小红书社区中。

我们首先浏览一组小红书用户相关的数据。截至 2024 年上半年，小红书已经积累了 3 亿月活跃用户数，其中 50% 的用户出生在 1995 年后，有 35% 的用户出生在 2000 年后。从用户的城市分布来看，其中有一半的用户都生活在中国的一线城市和二线城市，如上海、北京、广州、深圳等。在用户的男女比例方面，社区中女性用户占比达 70%，男性用户占比为 30%。打开小红书社区，里面有 90% 的内容为 UGC，普通用户生产的内容在这里举足轻重，并且社区中一共有超过 8000 万名分享者。用户不仅在小红书浏览内容、分享生活，也在这里寻求消费参考和建议，有 47% 的用户在小红书种草新产品，每个月在这里寻求购买建议的用户多达 1.2 亿人。截至 2023 年，小红书社区里的内容已经覆盖了用户生活的全场景，包含 37 个一级类目和超过 200 个二级类目，其中，城市出行、音乐、旅游、职场、情感等类目的内容增速都非常快。

以上这组小红书用户画像数据，为想要在小红书推广产品或服务、建立品牌影响力的企业提供了一些"线索"。我们可以试着从上述数据中，分析出 <mark>小红书用户的四个关键词</mark>：

<mark>第一个关键词，"年轻化"</mark>。小红书的用户分布非常年轻化，而年轻的用户的好奇心和探索欲往往更强，对企业而言是一群值得耕耘的人群，因为他们对新产品、新服务、新品牌通常拥有较高的尝试意愿和包容度。年轻的用户更愿意追逐潮流，体验前沿的生活方式，这正是众多流行趋势往往先在小红书上涌现并迅速扩圈的原因。对于品牌而言，把握年轻且活跃的用户群体，也是掌握市场未来的关键之一。

<mark>第二个关键词，"爱分享"</mark>。小红书 90% 的内容来源于 UGC 分享，社区拥有超过 8000 万名分享者。从企业营销的视角来看，这里是一个重要的口碑阵地。前文提到，小红书社区的产品设计逻辑与内容

分发逻辑可以更好地激发 UGC 生产，用户更愿意在小红书分享自己对某款产品或服务的真实使用体验，因此，细心的品牌得以在这里听到消费者对产品的体验和建议，收获真实的市场反馈。

第三个关键词，"消费能力强"。小红书用户具有较高的购买力，这一方面是因为平台 50% 的用户分布在一二线城市，一方面也因为女性用户占比 70%，女性用户通常具有更高的消费意愿。消费者研究与零售监测公司尼尔森 IQ 曾在 2023 年对全国 2036 名小红书消费者进行了一项在线调研，结果发现小红书用户人均月消费支出达 5026 元，消费力强劲。

第四个关键词，"理性消费决策"。得益于真实的社区氛围，小红书是大量用户在做消费决策之前寻求经验和建议的地方。前文提到，有 47% 的用户在小红书种草新产品，每月有 1.2 亿用户在这里寻求购买建议，大量用户带着做出正确消费决策的诉求前来小红书寻找经验和建议，他们通常会在这里"做功课"，翻阅多篇笔记进行深度对比、评估，再做出理性的消费决策。小红书曾公布过一组数据，目前平台约有 30% 的笔记带有商品信息，且这还是一个较保守的估算，这样的用户心智加上平台内容构成，让小红书成为一个天然的"消费决策场"。

这四个关于小红书用户特征的关键词，对企业准确地理解这群用户并成功激发用户非常重要。这样一群年轻化、爱分享、消费能力强且热衷于追求理性消费决策的用户，他们有足够的能量推动一款产品成为流行，只要这款产品成功走入他们内心并赢得了他们的信赖。

永璞咖啡是一个年轻的中国咖啡品牌，因为生产出了极具便捷性的咖啡浓缩液而俘获了一群粉丝用户。众所周知，年轻、高线城市的用户是咖啡的主力消费人群，在小红书上搜索"咖啡"这一关键词，可以看到近2000万篇笔记，内容体量非常庞大，这与小红书的用户画像密不可分。小红书上也有大量的"咖啡测评"内容，一些博主和用户会把多个咖啡品牌放在一起比较，并分析他们的优缺点。永璞咖啡非常注重倾听小红书上的用户需求，在2020年新冠疫情期间，小红书上流行起一个咖啡趋势——"400次咖啡"，"400次咖啡"又叫"焦糖泡沫咖啡"，起源于韩国。这种咖啡有着丰富的泡沫，它通常使用即溶咖啡粉、糖和热水按照1∶1∶1的比例混合，再快速搅拌或用电动打泡器打发，形成奶霜般的焦糖色泡沫，其制作方式有些类似中国宋朝的"点茶"，都是利用食品中的界面活性成分来稳定泡沫的。"400次咖啡"的制作方式较为简单，用户即使在没有专业咖啡设备的情况下，也能够通过简单的手工或电动工具制作出类似的奶泡效果，因此"400次咖啡"很快就在年轻人中流行起来。这个消费趋势让永璞咖啡大受启发，他们决定引导用户使用永璞咖啡旗下的冻干咖啡粉去制作"400次咖啡"，并且计划制作一个咖啡周边，让用户在家就能更轻松地制作"400次咖啡"。为此，永璞咖啡研发了一款电动打奶泡器，作为咖啡的周边进行推广，用户只要购买超200元的咖啡，就可以获赠这个打奶泡器，这一实践很快就获得了市场的热烈反响，永璞咖啡一共送出了20万只打奶泡器，并且这款打奶泡器还在永璞咖啡的电商渠道进行销售，一年时间内贡献了近百万元的销售额。从永璞咖啡的案例中不难看出，认真在小红书上倾听用户声音的品牌，也更容易收到用户的"礼物"。小红书上的用户年轻且对新产品富有好奇心和尝试欲，这一特性非常有助于企业在这里推广新品、收获粉丝。

由于小红书用户普遍具有"消费能力强"和追求"理性消费决策"的特征，因此这里对于想要推广高客单价产品的企业而言可谓一片得天独厚的土壤。EF 英语是一家创办 58 年的瑞典教育机构，其旗下有一款客单价近 3 万元的课程产品亟待推广。如此高客单价的服务产品，要想通过线上营销实现高效的销售转化，对 EF 英语而言是一个巨大的挑战。尤其在教育行业中，英语课程已经是典型的红海赛道，赛道中已经有许多品牌参与竞争。EF 英语想要将近 3 万元的课程产品推荐给用户，就必须另辟蹊径。

EF 英语通过小红书数据发现，虽然英语培训市场已是一片大红海，但英语类目之下的细分赛道"商务英语"赛道中竞争的品牌数量不多，并且"商务英语"赛道的相关种草笔记的点击成本价格低，可以说仍是一片蓝海市场。此外，小红书上的用户对学习热情度较高，并且愿意为学习付费，"商务英语"的用户搜索量同比增长 85%，说明小红书用户对"商务英语"还存在较高的需求。为了更好地与目标人群进行沟通，EF 英语将目标用户细拆为"核心人群"和"高意向人群"，"核心人群"即最容易实现购买转化的人群，他们是小红书站内那些已经对 EF 英语有一定了解的用户，"高意向人群"则是对"商务英语"感兴趣的用户。确定了人群之后，接下来要做的就是针对不同的用户进行精细化沟通，为此，EF 英语打造了多角度的种草笔记。比如，针对小红书站内对 EF 英语已经有一定认知基础的用户，EF 英语会输出"福利领取""沉浸体验""无痛学习"等英语课程相关笔记内容，以获得更多的用户留资；而针对那些对"商务英语"感兴趣的高意向人群，则输出"英文谈判""跳槽外企""升职加薪"等场景化的容易唤起用户学习英语需求的种草视频，以引发用户的关注。不仅如此，在种草内容方面，EF 英语也使用了多样化的内容形态，输出"外企语言艺术""职场英语"等用情景剧、课程录屏演绎的内容，让用户能更轻松、有趣地体验课程内容。

小红书上丰富、真实、主动的用户表达，也带给 EF 英语不少惊喜。在深入小红书社区的过程中，EF 英语发现，有不少用户在种草笔记的评论区发布了"寻找英语搭子""学英语结识新朋友""找小伙伴一起监督学习"等内容，这表明用户在学习英语的过程中存在社交需求，这对 EF 英语而言是一个超出预期的用户洞察——原来学英语还能满足用户的社交需求。因此，EF 英语又找到了一批新的潜在用户人群——那些既有英文学习需求又有社交需求的人群，在种草内容上，EF 英语则拓展了"社交英语"这一新的内容方向，向用户传递 EF 英语在提升用户社交英语能力方面的价值。经过一系列精细化的种草动作，EF 英语客单价接近 3 万元的英语课程销售额同比增长近十倍，投资回报率（ROI）远超预期。EF 英语不仅收获了销量上的成功，还在小红书社区中沉淀了数万篇用户"自来水"内容，极大地丰富了 EF 英语的内容资产。

小红书搜索栏 = 用户需求的翻译器

如果一个社区的内容让用户觉得有用、优质，并且其内容更新

迭代很快，又能提供千人千面的"答案"，那么就会自然而强烈地引发出一种用户行为——搜索。在营销领域，<mark>搜索往往是一个与购买转化强相关的用户行为</mark>，它代表着用户心智中已经有了产品或服务的一席之地，他们需要通过搜索来验证、辅助自己做出最终的消费决策。

在所有带有社交媒体属性的内容平台中，小红书用户的搜索行为占比是最高的。官方公布的数据显示，70% 的小红书月活用户存在搜索行为，且 88% 的搜索行为由用户主动发起，而不是通过平台引导推荐的被动行为（如评论区的置顶组建）。超过 90% 的用户表示，他们的消费决策会被从小红书搜索到的内容所影响，更有高达 42% 的新用户在第一天使用小红书时就会使用搜索功能。

根据搜索词的不同，用户的搜索行为可以分为精搜（精细词搜索）和泛搜（泛词搜索）两种。具体而言，精搜是指用户通过品牌词精准搜索和查询品牌旗下的产品或服务，具有较直接的品牌、产品指向性。而泛搜则指用户不通过较精确的品牌词进行搜索和查询，而是通过场景词、功效词等来寻找信息。比如，搜索"佳能相机是否好用"就属于精搜行为，因为搜索词中带有明确的品牌词，而搜索"户外露营适合带什么样的相机"则属于泛搜行为，因为搜索词中不含品牌词，是用户基于生活场景提出的问题。

用户通常的搜索逻辑，都是先泛搜再精搜，有 64% 的小红书用户通过先泛搜再精搜来寻找自己需要的信息。在一步步的搜索中，用户可以逐步缩小、锁定自己所需要的精确信息，每次搜索都更接近购买决策。

为什么小红书的搜索正在受到越来越多年轻用户的欢迎？这与小红书社区的内容密不可分。一些传统搜索引擎（如Google）所采用的分发模式是类似百科全书的树状结构，树状结构的模式通常具备清晰的层次，信息的流动呈现出类似一棵树的形状，有根（首页）、干（主要栏目或频道）、枝（子栏目）和叶（具体内容页）。树状结构的优势是层次清晰，用户通过简单、明确的路径就能从首页导航到任何内容页，可以更高效率和精准地寻找到所需的信息。

然而，随着人们社交生活的数字化，信息的发布量和流动性都大大增加了，甚至已经超出传统搜索引擎处理能力的范畴。因为App的孤岛效应（指不同的移动应用程序之间缺乏有效的数据共享和交互），当用户在各个不同的App之间切换着分享生活点滴时，搜索引擎的爬虫也很难触及这些内容。

而各个坐拥亿级用户的App已经洞察到用户对搜索的需求，开始推动新的搜索模式和技术的发展。当用户打开小红书进行搜索时，他们的搜索词条是非常精细化、场景化的，比如"上海迪士尼今天人多不多""菱形脸适合什么样的眉形""养宠物的家庭用什么牌子的扫地机更合适""故宫哪个机位最出片"这样非常生活化、个人化且动态变化的话题，只有在高质量UCG蓬勃生长的社区，才容易"对号入座"地找到答案。小红书的搜索与传统搜索引擎最大的不同，就是每一条搜索结果背后，都有一个真实的人在分享自己真实的经验，这种即时、互动的搜索体验，不再是单纯的信息连接,而是从以"信息"为中心转变为以"人"为中心,它随着"人"的动态需求而定制,无论"人"遇到了什么情况,或者"人"的周围环境发生了哪些变化,他们都能在小红书上搜到想看到的内容。

当用户的搜索需求变得多元化、个性化时,平台就很难通过标准化、大众化、规模化的服务去满足用户需求了。小红书的 UGC 属性,让用户可以在这里建立起"多对多"的交流,形成了密密麻麻且活跃交互着的触点,这是一种更为复杂的生态结构。

对于企业而言,海量的用户搜索中往往隐藏着营销的"密码",沪上阿姨的案例就能很好地展现了品牌在用户搜索中可以探寻到宝贵的营销机会。沪上阿姨是一个成立十余年的上海茶饮品牌,在上海人民广场买一杯"沪上阿姨"招牌血糯米红豆奶茶,曾是不少上海千禧一代用户的青春期记忆。现在沪上阿姨在全国有近 6000 家门店,将上海老弄堂的"沪式茶饮"发展到了全国各地。然而,随着中国消费者对新茶饮的需求升级,加之市场上新兴茶饮品牌层出不穷,消费者的可选项变得异常丰富,奶茶行业的竞争也愈演愈烈。想在年轻人心智中站稳脚跟,沪上阿姨必须建立一个独特而鲜明的品牌形象,同时需要在产品层面不断推出爆品,以此吸引并留住年轻消费者。过去,消费者对沪上阿姨的认知停留在"老弄堂茶饮""老阿姨""血糯米"等品牌形象上,这些带着传统品牌色彩的关键词无形中拉远了它与年轻消费者的距离。因此,沪上阿姨开始将目光投向了年轻人聚集的小红书。

2021 年,沪上阿姨通过深度洞察小红书用户的搜索趋势,成功打造了两款当季爆款产品,烤栗子茶和鲜煮白金茶。

烤栗子茶的推出,源于"沪上阿姨"发现秋冬时节在甜品领域的用户搜索中,"栗子"这一关键词的热度增长较快,并且小红书用户对于栗子口味的甜品已有认知基础,除了口味方面,沪上阿姨还在栗子甜品的关联词中,发现了"复古""秋冬治愈"等氛围关键词,这说明用户在食用栗子风味的甜品时,也非常注重甜品带来的情绪价值。这一发现,让沪上阿姨从用户的搜索词中找到了新品开发的灵感,并推出了一款新品烤栗子茶,在新品的推广中,除了口味营销,还从复古感的产品外观和包装、秋冬治愈的氛围感等角度切入,输出《沪上阿姨新品,秋冬是属于栗子和巧克力的》《满满幸福栗,温暖你的手,治愈你的心》等优质笔记,成功引发年轻用户关注。

而鲜煮白金茶这款新品的推出,则是由于沪上阿姨通过小红书用户搜索趋势发现当代年轻人在食品饮料上"既要、又要"的复合型需求,他们既要奶茶好喝,又要追求养生,比如抗氧化、补血、养肝等都在他们的关注范围内。因此,沪上阿姨首创白茶系列饮品,并在推广上强调这一系列饮品的养生功效,输出《沪上阿姨也太懂女生了吧!补血抗氧化这一杯就够了》《沪上阿姨你的8号老白,宠爱你,守护你》等笔记内容。

这两款茶饮新品均从用户搜索需求中寻找营销灵感,一举成为沪上阿姨有史以来在整体点单量中占比最高的新品,不仅两款产品成为当红爆品,也有力带动了品牌形象的焕新——沪上阿姨在小红书站内的搜索量同比增长超过4倍,白金茶和烤栗子系列新品均登顶了小红书热搜单品第一位。

从更长远的目光来看，用户输入的搜索关键词不仅能反映他们已经存在的需求，甚至可能隐藏着连他们自己都尚未明确的潜在需求。比如，一个用户搜索"如何更好地晾干内衣"，这表明该用户在晾晒内衣方面遇到了难题，并且他并不知道哪款产品能够解决他的问题。如果大量的搜索数据揭示了这一普遍存在的需求盲点，那么推出一款"内衣烘干机"就成为一个水到渠成的选择。通过洞察用户搜索背后的深层需求，企业就有更大的概率精准地创新产品，满足消费者的期待，从而在市场中占据先机。又比如，在"美妆冰箱"这款产品诞生之前，用户并不会搜索"如何挑选一台美妆冰箱"这样的词条，他们只会搜索类似"如何更好地冷藏化妆品""化妆品放冰箱里会不会不卫生"这样的词条，如果企业能从这些搜索词条中深度洞察用户的潜在需求，就更有机会打造出领先于市场的产品和服务。

1个"铁杆粉丝"胜过1000个"路人"

互联网的崛起，全面颠覆了产品营销的逻辑。100年前，想让一款产品流行起来，最核心的驱动因素是产能，因此，当时发明了流水线、大幅提升产品生产效率的福特汽车成为"时代巨星"。50年前，产品的流行则更多依赖销售渠道和品牌营销，因此当时的宝洁能凭借极强的铺货能力和高额的广告预算成为"市场霸主"。到了今天，产品的销售更多依靠对消费者心智的占领，因此营销的"核心"回归到产品本身上，产品的好坏直接影响着用户"口碑"，而用户的口碑在塑造产品和消费者心智的过程中扮演着越来越重要的角色。

<mark>在如今的营销环境中，1 个"铁杆粉丝"的价值可以说更胜于 1000 个"路人"</mark>。这是因为"铁杆粉丝"就如同用户口碑网络中的一个个扩散点，在社交网络中扮演着重要的传播节点作用。

在传统媒体时代，企业通过大曝光的广告策略，尽可能广泛地触达消费者，再从中层层筛选出真正愿意购买企业产品或服务的人群，这种营销策略符合广告领域知名的<u>漏斗模型</u>。漏斗模型的概念在 1898 年由美国知名广告人圣埃尔莫·刘易斯（St. Elmo Lewis）提出，最初被称为消费者购买漏斗（the purchase funnel）。漏斗模型清晰地描摹出了消费者从了解产品到最终购买的常规过程，其形状像一个倒置的漏斗，通常分为以下几个阶段：认知（Awareness）、兴趣（Interest）、考虑（Consideration）、意向（Intent）、评估（Evaluation）和购买（Purchase）。漏斗模型体现的是一个筛选的过程，每向下筛一层，消费者就会流失一部分，剩下的消费者人数就越少，同时也越精准，离购买越近。比如某牛奶品牌在城市中一个繁华的商业中心为旗下的一款牛奶投放了户外广告，每天有 10 万人经过这里，但可能只有 5 万人看到了这个广告，有 1 万人去超市找到了这款牛奶，最后有 2000 人最终购买了这款牛奶。在过去百余年的时间内，漏斗模型指引着企业的营销广告行为，并衍生出多个版本，如 AIDMA、AISAS、ARRR 等模型。

认知

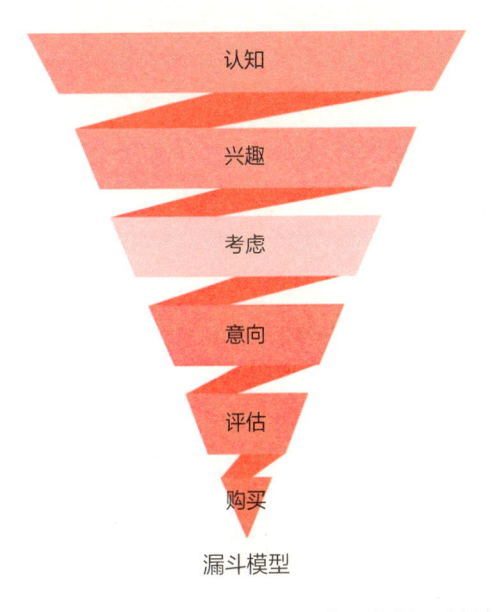

兴趣

考虑

意向

评估

购买

漏斗模型

值得注意的是，小红书官方曾提出过一个基于其社区逻辑衍生出的"人群反漏斗模型"，这一模型的营销逻辑与漏斗模型恰恰相反，它需要企业先找到其产品和服务最核心的消费人群——这群人通常是最需要某产品或对该企业品牌已经抱有好感的人群，随后再从这群核心人群的兴趣中，挖掘出高潜人群，最后扩展到泛人群。与层层筛选精准用户、层层流失导致用户数不断缩小的漏斗模型不同，人群反漏斗模型是从最精准的人群出发，再层层扩大到更广泛的人群。

核心人群

高潜人群

泛人群

……

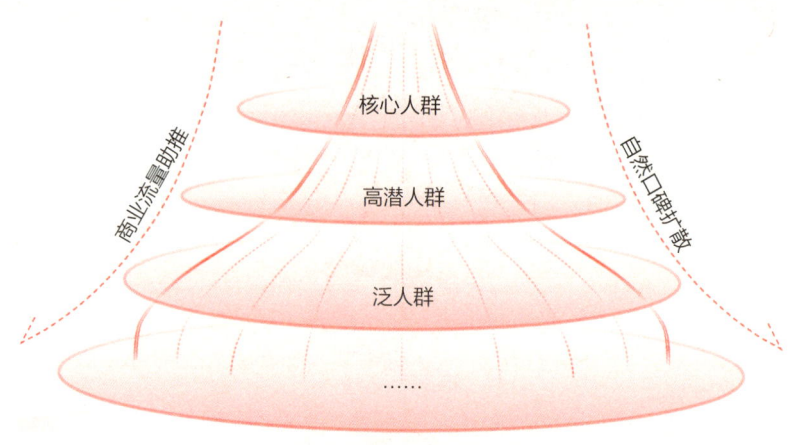

商业流量助推　　　　　　自然口碑扩散

人群反漏斗模型（图片来源于小红书公开报道）

施华蔻就曾通过人群反漏斗模型在小红书上打出了一场漂亮的营销战役。施华蔻是一个拥有百年历史的德国美发洗护品牌，与许多经典品牌一样，近年来，施华蔻在中国市场面临着新的挑战。一方面，随着大量美妆洗护类新兴品牌和产品的涌现，市场竞争变得日益激烈；另一方面，施华蔻品牌的声量和销量也呈现下滑趋势。为了应对这些挑战，施华蔻迫切希望通过推出新品吸引新的消费群体，并通过产品的热度带动品牌热度，实现生意和品牌的双重增长。为此，施华蔻在小红书上进行了深度的市场洞察，发现近年来社区中关于"高端洗护"和"奢华洗护"的搜索量持续上升，同时"沉浸式护发""治愈系洗护""解压头疗"相关的话题也备受用户关注。在小红书社区中，头部护理领域甚至出现了一个明显的趋势——"护肤式护发"，它是指用户对头皮、头发的洗护习惯正在逐步向护肤靠拢，形成了一种复杂而精细的多步骤护理方式。因此，许多头部护理领域的细分产品受到了用户的热情追捧，如头皮磨砂膏、防脱发喷雾、蒸汽发膜、头皮精华、固态洗发水和头皮面膜等，它们在小红书的搜索增长速度十分迅猛。小红书数据显示，护发精油和发膜这两类产品在 2022 年的同比搜索增长率均超过了 100%，这预示着这两个产品类别仍具有巨大的市场潜力。以上洞察为施华蔻的选品策略提供了极大的帮助，它顺应小红书用户消费需求和趋势，从旗下系列产品中挑选出两款高端护发产品——护发精油和发膜——为主推产品，试图以它们为突破口，进一步拓展市场，提升品牌竞争力。

接下来施华蔻要做的关键步骤，就是精准定位目标消费者。通常情况下，当企业想要推广护发精油和发膜这类产品时，会直接针对有护发需求的消费者进行投放和沟通。然而，施华蔻并没有这样做，它通过小红书洞察发现其旗下的染发产品在小红书的搜索排名最为突出，甚至超过了其他一线知名品牌，这表明施华蔻在染发领域拥有相当高的市场占有率和用户好感度。同时，施华蔻还注意到小红书上许多获得大量点赞的热门文章都在讨论"染发后如何进行头发护理"，这揭示出一个显著的消费需求：频繁染发往往会导致头发受损，因此染发人群其实才是对护发产品需求最强烈的人群。基于这些洞察，施华蔻意识到与染发相关的护发产品，如染后护发精华、染后修复发膜，正是市场上的热门搜索项，这为施华蔻揭示了一个明确的市场机会——通过满足染发人群的护发需求，可以进一步巩固和扩展施华蔻在护发市场的地位。

施华蔻计划从其已有的染发用户群体着手——这些用户本身比较熟悉施华蔻的染护产品，也对品牌有了一定的好感度和信任度。为此，施华蔻推出专为染发后护理设计的护发精油，以便更好地打动这一人群。随后，施华蔻将目光投向小红书上更广泛的染烫用户群体，随后进一步将人群拓展到对头发护理有需求的消费者，这一群体对高品质护发产品有着天然的兴趣。此外，施华蔻的营销不仅仅局限于特定的用户群体，还将产品推广到更广泛的日常生活场景中，如约会、社交活动、日常通勤和旅行等，以满足不同场合下的洗护发需求。

施华蔻的营销策略遵循的正是小红书人群反漏斗模型逻辑，与传统的漏斗模型通过层层筛选来精准定位目标消费者不同，人群反漏斗模型首先聚焦于最核心的用户群体，然后逐步向外扩展，吸引更广泛的潜在客户。这就像是在众多选项中直接锁定正确答案，而不是通过排除法逐步缩小选择范围。

通过这一营销策略，施华蔻在小红书上针对修护和修复细分领域取得了显著成效。其护发精油产品在2022年第四季度的内容渗透率稳步攀升，成功跻身小红书站内前两名的热门产品之列。进入2023年第一季度，施华蔻在某电商平台的销售额也获得增长，并成功登上了该电商平台护发油热销榜单，实现了口碑与销量的双重提升。此外，施华蔻的发膜产品在同一季度的销量快速增长，并且获得了消费者的广泛好评。

通过施华蔻的案例不难看出，核心人群对一款产品的流行功不可没，这样一群用户扮演着天然的产品口碑扩散器角色，只要充分调动好他们的口碑能量，就会让企业有更大的概率取得事半功倍的效果。

4

一个铁杆粉丝，**拯救了一个乐高公司**

2003年，丹麦玩具制造厂商乐高面临着严峻的市场挑战，其销售额同比下滑了30%，到了2004年，销售额又下降10%，乐高的产品销量停滞，市场份额开始急剧下降，面对电子游戏和新型娱乐形式的竞争，乐高的传统积木玩具受到了冲击，公司面临破产危机。

乐高通过大量分析得出结论：未来的几代人会对乐高失去兴趣，因为这些年轻人生活在数字时代，追求即时满足，没有时间也没有耐心玩乐高。为此，乐高开始放下核心产品积木颗粒，转而发展主题公园、儿童服饰等业务，并且决定制造大块积木，降低用户搭建乐高积木的难度和耗时。然而，这些策略并没有获得市场的积极响应，反而使乐高公司陷入了巨额亏损。转机发生在2004年年初，乐高团队在德国一个中型城市见到一位11岁的德国男孩，他是一位乐高迷，也是滑板爱好者。当这位男孩被问及自己最喜欢的一样东西时，他指向了一双破旧的阿迪达斯运动鞋，他认为这双旧鞋虽然鞋帮磨坏、鞋跟也磨平了，但它恰恰可以证明他是最棒的滑板运动员。乐高团队忽然意识到，当一个孩子想在同龄人中获得存在感和优越感，他的真正痛点在于掌握一项高超并且有一定难度的技能——无论是滑板，还是拼乐高，他们只要认为值得投入，就愿意在上面花时间。有了这一认知之后，乐高开始重新聚焦于其核心产品——积木颗粒，重新把积木尺寸恢复原貌，甚至开始增加更多的小块积木，并且更注重细节，为用户提供更精准的安装手册，让游戏更有难度。同时，乐高决定停止亏损严重的产品线，削减剩余产品种类的30%，并缩减零售店项目，放弃了电脑和电子游戏业务，回归到其创造力、乐趣和品质的核心理念。乐高通过细小颗粒的积木向用户传递一个信息：掌握技巧，克服困难。这才是人们玩乐高的真正想要获得的东西。就是这个来自铁杆粉丝的细微但深刻的洞察，指引乐高成功从破产边缘恢复过来，并逐渐成为全球最大的玩具生产商之一。

在产品供给极度丰盛甚至冗余的时代，产品流行的门槛也在水涨船高。琳琅满目的商品和服务，让大部分消费者眼花缭乱，也考验着他们对品牌的忠诚度。如果一款产品在问世之初就未能击中消费者需求的"靶心"，就很难逃离昙花一现的命运。市场监测和数据分析公司尼尔森数据显示，每10个上市的新品中，只有1个最终能在市场上取得成功，如此高的新品失败率，可谓是横亘在每个企业眼前的生意"鸿沟"。并且有近50%的测试新品，未能清晰地表达产品对于广大消费者的核心价值。

对企业而言，找准用户真正的痛点并不容易。很多时候，营销人员费尽口舌描述的，只不过是浮于表面的伪痛点。就像人们购买报警器，不是因为它的警报声多么嘹亮，也不是因为它的材质多么耐用，用户真正的痛点，是对未知危险的恐惧。

《超市里的原始人》一书中曾提及一个观点：市场营销人员知道，他们卖出去的并不是牛排，而是牛排发出的"嘶嘶"声，因为"嘶嘶"声能带来高额的利润，而牛排本身只不过是每一个屠夫都在销售的低利润普通商品罢了。真正的痛点需要挖掘，有时甚至连用户自己也没有意识到。这要求企业拥有深度、精细的洞察能力，能结合自身专业经验和对用户需求的分析，准确地诊断出用户的痛点。对于企业而言，铁杆粉丝的价值，就是可以从他们这里提炼出"最大公约数"，在这里校验真实的产品价值，从而打动更多的潜在用户。

5

流行的本质：从用户中来，到用户中去

在"人人都能做 15 分钟 KOL"的时代，如何让一款产品成为流行？碎片化的媒体渠道，让企业失去了呼风唤雨的"超能力"，悠悠众口的能量正在被持续放大。如今，许多流行的生活方式已不再是少部分精英人群苦心孤诣的"策划"，而是由大众"投票"产生的。

美国营销专家马丁·林斯特龙曾在其著作《痛点：挖掘小数据满足用户需求》一书中提到："西方国家许多地区，厨房里的盐罐上大多有 3 个漏孔，胡椒罐上有 1 个漏孔，而亚洲很多国家则恰好相反，胡椒罐有 3 个，盐罐有 1 个，不同人群的味觉偏好由此可见。"马丁·林斯特龙认为，只有真实个体的习惯、喜好、厌恶、装饰等这些小数据，才能最贴切地证明：我们是谁，我们渴望什么。这些看似"微小"的用户真实需求，恰恰是决定着一款产品能否成为流行的关键要素。

今天，如果企业想让一款产品成为流行，就需要遵循"从用户中来，到用户中去"的道路，从海量的数据中敏锐地洞察出那些微小但真实的用户需求，找到让产品成为流行的"密码"。WOSADO悦瞳是一个中国新锐美妆品牌，旗下一款核心产品磁吸睫毛颇受年轻用户欢迎。这款产品旨在提升美妆爱好者佩戴假睫毛的效率，主打"3秒即戴，即戴即美"的上妆体验，帮助用户节省化妆时间。2021年，WOSADO悦瞳开始试水线上电商，很快就在抖音、天猫等平台上取得眼睫毛类目销量第一的成绩。WOSADO悦瞳是磁吸睫毛这一新兴彩妆工具品类的开创者，2021年以来销量迎来迅猛增长，然而，一系列挑战也随之而来。由于磁吸睫毛对用户的佩戴技巧有较高的要求，很多消费者购买WOSADO悦瞳后因为没有掌握正确的佩戴方式，对产品的实用性产生了质疑，用户的口碑甚至影响了销量的增长。作为一个在新赛道中初露头角的品牌，WOSADO悦瞳也面临着不断倾听用户需求和反馈、不断迭代产品，从而找到生意增量的难题。

于是WOSADO悦瞳决定到小红书上寻找机会。小红书用户向来对彩妆新品充满了好奇心，2023年社区中开始流行"邪门彩妆小物清单"，用户对于美妆产品的讨论范围已经远远超出了传统的粉底液、眼影等品类，他们还热衷探索如"下睫毛印章"等小众彩妆产品。在2023年第一季度的小红书站内搜索数据中，#假睫毛的搜索频次达到了2.65万次，这一数据是美妆领域热门品类#精华的2.8倍，说明假睫毛产品拥有广泛的用户需求，这对于想要寻找生意新增量的WOSADO悦瞳来说，无疑是一个积极的信号。

WOSADO悦瞳的主推产品，是一款单价为158元的磁吸睫毛小白盒，比起其他需要胶水粘贴的假睫毛产品，磁吸睫毛的穿戴和卸妆方式更便捷，也可以避免胶水熏眼睛的痛点，对于当代习惯赶时间的"早八"用户而言，这款产品更符合他们对效率的追求。然而，和每一个新兴品类一样，WOSADO 悦瞳在市场扩张的过程中，瓶颈如期而至——磁吸睫毛虽然因其高效的佩戴效果被种草给了许多用户，但他们中的一些人因为购买后没有掌握佩戴技巧，对产品产生了"智商税"的负面评价，产品的口碑遭到巨大损伤。

为了提升用户的使用体验，WOSADO 悦瞳在小红书收集了用户对品牌产品的负面评价和 NPS（Net Promoter Score，净推荐值，可理解为口碑）数据。分析结果显示，用户的"吐槽"主要集中在两个问题上：首先，用户普遍反映这款磁吸睫毛产品缺乏清晰的使用教程，导致他们购买后难以正确佩戴或佩戴效果不佳；其次，用户认为该款产品的佩戴夹设计不够合理，不仅使用不便，还容易丢失。针对这些用户反馈，WOSADO 悦瞳快速采取了一系列改进措施，它邀请小红书美妆博主制作并推出产品教学视频，编出了便于记忆的佩戴口诀，并针对搜索过"WOSADO 睫毛怎么用""不好用"等关键词的用户进行了精准的投放，通过这些浅显易懂的教学视频，有效缓解了用户对产品的疑虑。此外，WOSADO 悦瞳还启动了对产品本身的优化与迭代，设计了更精致、耐用的新型佩戴夹，并推出了 15 天内丢失配件免费补发的服务，依据用户的意见对产品和服务都进行了升级。

在解决了已购买人群对产品的质疑后，WOSADO 悦瞳下一步要做的就是让更多人认识产品、种草产品，通过精细化的内容让产品深入人心。在制作种草内容之前，WOSADO 悦瞳研究了小红书的彩妆趋势，发现在"眼部彩妆"相关搜索词数据中，用户对眼妆功效的搜索热度提升明显，并且眼妆人群也呈现年轻化的趋势，尤其 19～25 岁的年轻人群非常热衷解锁各种各样的眼妆技巧，"新手友好型"眼妆产品对扩大产品的人群规模有很大的推动作用。

有了这一洞察之后，WOSADO 悦瞳制作了一个目标人群四象限图，以"假睫毛了解程度"与"品牌了解程度"分别为横轴与纵轴，针对不同象限的人群特点进行精细化的内容渗透。

比如，针对那些对 WOSADO 悦瞳品牌了解度低的人群，策略是"拓"，而针对那些对假睫毛了解程度高但对 WOSADO 悦瞳品牌了解度低的人群，则会从热门妆容教程、新手眼妆教程这样的内容入手，并在这些内容中植入产品，建立这些人群对产品的认知度和好感度，凸显产品对用户妆容所起的作用。对于那些既对假睫毛了解程度低，也对 WOSADO 悦瞳品牌了解程度低的人，会从精致女性治愈式生活方式这个更大的内容角度去切入，输出"精致早八族快手妆容秘籍""美女快乐约会速成大眼芭比"等内容，抓住"早八党""通勤党"人群的核心诉求，强化产品"快速穿戴"的优势；针对那些对 WOSADO 悦瞳品牌了解度高的人群，则会深入测评 WOSADO 悦瞳旗下的多款产品，包括新品选择及使用工具等；对于品牌观望人群，则以简单易上手、安全环保吸引用户注意力。通过精细化的人群和内容策略，WOSADO 悦瞳针对不同的人群，进行场景笔记内容投放，持续种草。通过对用户需求的洞察与反馈，WOSADO 悦瞳在小红书站内 GMV 获得快速增长，并且为其电商平台的品牌店铺带来了大量新客成交，成为各大电商平台上假睫毛品类销冠。

第四章

小红书用户的五大消费趋势

无论他们是否愿意，当代年轻人都已经被推上了商业世界的"神坛"。强烈的聚光灯无时无刻不打在他们脸上，他们的举手投足都牵动着商家的神经。在消费世界里，这群人有着新鲜的胃口、快速更迭的需求，以及不吝敞开的钱袋。

年轻人消费观念不断地迭代，对他们来说，体验的价值或许远胜于物质本身，拥有一次难忘的经历，比长久拥有某样物品更能打动他们的心。他们热爱自我，同时也乐于为他人花费，无论是家人、朋友还是宠物，因为在他们看来，这样的消费能带来双倍的喜悦。他们意识到了"心理账户"的存在，也偶尔会放纵自己的非理性消费。对于传统大牌，他们并无太多执念，反而对新兴的消费品牌抱有浓厚兴趣。面对消费主义的话术，她们充满警惕，诸如"女人需要一个撑场面的包"或"脖子是女人的第二张脸"这类广告语，已经很难打动她们。她们具备高度的金钱智慧，明白储蓄与消费的不同意义，并对未来的自己负责。

今天，活跃在社交网络上的这群年轻人，或许是企业所面对的最复杂、最多元、最聪明的消费者。他们独立而坚定，对传统营销策略持有天然的抵抗。要想赢得他们的心，企业很难再依赖传统、惯性的营销方式，而必须以更真诚、更开放、更勤奋的态度来面对自己的工作。

《银河系搭车客指南》的作者、英国科幻作家道格拉斯·亚当斯（Douglas Adams）曾提出过一个"科技三定律"："任何在我出生时已经有的科技，都是稀松平常的，是世界自然秩序的一部分。任何在我 15～35 岁之间诞生的科技，都将会是改变世界的革命性产物。任何在我 35 岁以后诞生的科技，都是违反自然秩序的异端。"

道格拉斯·亚当斯用黑色幽默的口吻，指出了代际之间的相互理解、认同，是一件多么不容易的事。这个定律还可以延展到其他领域，比如：任何在我出生时已经红了的歌曲都是过时老土的，任何在我 15~35 岁之间走红的歌曲都是无可复制的经典，任何在我 35 岁以后流行的歌曲都是浅薄幼稚的……

这样的心理同样会经常发生在不同代际的人们对彼此的文化、圈层的认知中，每一代人，受限于自己年龄和认知，对同一个事件、同一个现象乃至同一个商品的认知，可能截然不同。当一个中年人第一次看到"心巴""yygq""语 C"等互联网"黑话"时，大约心里冒出的第一感受也会像道格拉斯·亚当斯所说的，这大概是"违反自然秩序的异端"吧。但不可否认的是，以 Z 世代为代表的年轻一代人群，已经成为互联网世界的一支主力军，据统计，目前中国的"95 后"至"05 后"群体已达 2.64 亿人，占据总人口的 18.9%。他们正在创造着自己独有的圈层和文化，并且正在释放制造流行的潜力。

企业要想真正地去理解、共情年轻人，而不是把他们当作一个冷冰冰的客体来研究，其实并非易事。接下来，就让我们一起以小红书为"样本"，探索年轻一代丰富多彩的消费心理世界和消费行为，揭开他们真实而有趣的消费面纱吧。

1

趋势一：需求蜂巢化、日更化

原地度假、沙丘废土妆、赴 GYM 请罪、二次元文艺复兴、公园里的猫鼠游戏、去郊区赶大集……在小红书上，新鲜的生活趋势就像一朵朵快速翻腾的浪花，不时汇聚为生活的潮流，从年轻人那里产生，随后"拍打"到更多人身上。这些生活趋势的背后，是年轻人多样化的需求在驱动。

如今，年轻人的需求呈现出蜂巢化的趋势，这些需求不仅数量众多、密密麻麻，而且变化迅速，仿佛每天都在更新。这种需求的细分化带来了"长尾效应"的积极面——为新兴品牌、小众品牌和创业者提供了成长的空间和机会。然而，危机也相伴而来，今天，大量品牌更容易成为市场的"过客"，难以获得持久的生意。当代年轻用户对产品或服务的需求不仅多样化，而且他们兴趣点的转移速度也极为迅速，行业的更新换代的节奏明显加快，而大多数企业都尚未跟上这种快速的变革节奏。比如过去如果消费者口渴了，可供他们选择的饮品是相对有限的，但如今有超过 200 个细分饮料品类可供人们选择。在小红书社区里,仅美妆精华这一领域就有数千个产品在竞争,这表明产能的发展不仅为用户提供了更多的选择和自由,同时也激发了他们更频繁、更迅速地产生新需求,形成了一个高速运转的循环。这一现象在电商行业尤为明显,新兴的网红品牌如同昙花一现般,迅速崛起又迅速消失,根本原因在于尽管消费需求呈现出多样化的趋势,但这些需求往往短暂且易变,许多电商品牌通过捕捉到一时的市场红利,创造出一些爆款产品,看似取得了成功,却投入了大量的获客成本,但随着消费者兴趣的快速转移,这些品牌往往难以持续保持热度。

　　年轻消费者这种快速变化且高度不确定的需求,已成为许多消费行业的新常态,这对企业营销提出了巨大的挑战。

2

趋势二：从"消费"到"创费"

小红书上年轻用户的"动手能力"是惊人的。他们喜欢自己动手做热红酒、手冲咖啡、围炉煮茶，既在过程中获得治愈又能满足味蕾。他们将衣橱里的旧衣物剪碎，再缝制、组装为一件独一无二的新衣。他们将喝空的酒瓶洗净，再涂上五彩斑斓的丙烯颜料，使其化身为一个个颇具美感的花瓶。他们甚至可以将旧牛仔裤的裤筒剪下来，改造成大容量水桶包……

近年来，"Remake"（旧物重塑）的风潮在小红书社区中愈发流行。从川久保玲到 LV 男装系列的创意总监 Virgil Abloh，"Remake"风潮得到了众多时尚界人士的推崇。这一潮流鼓励人们相信，每个人都能在服饰搭配的领域中发挥艺术创造力，这和当代年轻人追求个性化和自我表达的本能完美契合。通过"Remake"，旧物得以焕发新生，"Remake"风潮在小红书社区表现得尤为突出，比如传统的饮茶文化在这里焕发新生，让"围炉煮茶"成为一种流行的社交方式；传统的中式服装也通过年轻人的重新演绎，蜕变为融合了古典韵味与现代风尚的"新中式"风格……2022年小红书上与"Remake"相关的笔记数量同比激增超过800%，展现出这一潮流在年轻群体中的广泛影响力。年轻用户极具想象力的"二次创造"，也为企业解锁了产品的更多价值点和使用方式，对于符合其消费偏好的产品，他们乐于分享，甚至主动传播，推动产品出圈。他们与单纯"买买买"的消费主义模式渐行渐远，而是追求高参与度、能够发挥主观能动性的创造型消费。

在《第四消费时代》一书中，作者三浦展提出了"创费"（Creative Consumption）的概念，他认为如今的消费者不再仅仅被动地购买和使用商品，而是开始积极参与到产品的创造和消费过程中，期待自己的需求能够得到个性化的满足。"创费"的核心在于消费者通过自己的想象力和创造力，将普通的消费行为转变为一种创造性的活动，这种消费方式强调消费者的主动性和参与感，他们通过选择、组合甚至改造产品来表达自己的个性和审美。"创费"不仅改变了消费者的行为模式，也对企业的产品设计、市场营销和服务模式提出了新的要求。可以说，在消费者的主动性和创造力不断提升的当下，一个产品在没有到达用户手中前，都只能算是一个"半成品"。

Longchamp珑骧是一个成立于1948的法国箱包品牌，其旗下的"饺子包"一直是一款极具标志性的经典产品。然而，像许多历史悠久的品牌一样，Longchamp珑骧也面临着新的挑战。比如，如何既不损害品牌百年积累的品牌调性，又能不断扩圈吸引年轻消费者，实现品牌的经典韵味和年轻活力的平衡，这是许多历史悠久品牌共同面临的难题。另外，大张旗鼓的品牌推广和实际销售转化之间的关系往往难以精确衡量，如何在品牌建设和实际销量之间构建

一个有效的闭环,也成为 Longchamp 珑骧亟待解决的课题。

带着这些问题,Longchamp 珑骧将目光投向了小红书。在小红书社区中,有"包包的尽头是珑骧""珑门"等话题,追求舒适与时尚兼得的年轻人,对 Longchamp 珑骧有着天然的好感。同时,Longchamp 珑骧通过小红书社区洞察发现,近年来,关于"定制"和"Remake"的潮流日渐兴起。在小红书平台上,关于"包包定制"的话题笔记数量高达 80 万篇,与传统的标准化包袋相比,展示"个人风格"和"个人喜好"成为许多年轻人选择品牌包袋的关键理由。基于对年轻消费者追求个性化和自我表达趋势的洞察,Longchamp 珑骧开始在小红书进行一次大胆的产品推广。

首先,Longchamp 珑骧在其经典的饺子包基础上,推出了"个性化定制服务"。通过 Longchamp 珑骧的小程序,用户可以在线发挥自己的创意,定制一只独一无二的"饺子包",从包身形状、包身颜色到肩带颜色,再到包面图案和字母,都可以进行个性化设计改造。Longchamp 珑骧推出的定制款"饺子包"在小红书上的搜索量在四个月里快速增长,同时也带动了品牌搜索量增长。这一策略也显著吸引了年轻消费者,Longchamp 珑骧年轻客群数量获得增长。不仅如此,Longchamp 珑骧还发现,小红书用户对品牌的定制服务展现出了极高的热情,他们还进一步发挥个人创意,对"饺子包"进行个性化的"再设计",比如在"饺子包"上添上自己钟爱的小玩偶、小挂饰,或是在包带上缠上多巴胺色系的手机绳,让自己的"饺子包"通过小饰品的搭配显得更加独特。

为了让更多的用户了解这款定制包,Longchamp 珑骧还构建了一个"KOL+KOS+直播"种草矩阵，通过多维度的内容分享和精准的种草策略，让产品深入目标消费者心中。在 KOL 分享环节，Longchamp 珑骧合作了多个领域的小红书博主，如时尚穿搭博主、运动博主、母婴博主等，主要通过这些博主去传递品牌理念、产品特点和定制玩法，覆盖更广泛的兴趣群体。在 KOS（Key Opinion Sales，关键意见销售）专业化沟通环节，通过专业销售人员 KOS 的分享，结合他们对品牌和产品的深刻理解，生动地展示产品特色。在直播环节，则通过联动小红书知名博主章小蕙，在直播中分享 Longchamp 珑骧产品，与用户进行真挚的沟通和推荐，打通种草到交易的闭环。通过与不同圈层用户的高效沟通，Longchamp 珑骧将营销方式由传统的品牌直接曝光转变为更加人性化的沟通和互动。从 Longchamp 珑骧的案例中不难看出，准确把握用户需求趋势，与用户深度共创，对促进产品销量提升和品牌形象焕新有极大帮助。

许多新兴的消费品牌，也因其善于调动用户的创造力，在营销上取得了突破。成立于 2016 年的中国新锐美妆品牌花知晓就非常擅长与小红书用户进行"共创"式产品营销。2023 年，花知晓推出了"月光人鱼"系列彩妆产品，这一系列产品以梦幻海洋为主题，设计灵感来源于神秘的人鱼传说。而"月光人鱼"系列这一产品昵称，正是花知晓与博主、用户共创的结果。

"月光人鱼"系列产品的推出时间恰逢春夏之交，花知晓注意到各大内容平台上流行起了"西双版纳人鱼妆容"，于是顺势发起"人鱼妆"话题，与新品系列相呼应。这样的策略让用户在认知上产生了双重印象——"人鱼"既是指"月光人鱼"系列的产品，又是指"人鱼"风格的妆容——从而深度加强品牌印象。对于许多品牌而言，营销意味着追逐热点，然而，花知晓更倾向于结合产品内容来创造热点，这种方法更具可控性和确定性。在推出新品时，花知晓通常会提前与用户共创，尤其是主打的产品和色号，甚至是产品昵称。在美妆领域，大多数产品的全称往往太过复杂、难以记忆，因此，一个易于传播和记忆的产品昵称对营销推广而言至关重要。

在产品走向市场的过程中，花知晓会先在企业内部进行头脑风暴，为主力产品创造昵称，然后通过博主的推广进行首轮测试。例如，一款名为"花知晓人鱼系列宝石镜面唇釉"的产品，会在第一轮博主的传播中被简化为"人鱼宝石唇釉"或"宝石唇釉"，随后花知晓也会观察用户在讨论中对产品的自然称呼。通过这种方式，花知晓逐渐调整和优化产品昵称，而不是单方面地告诉用户这款产品叫什么。这种共创过程不仅有助于传播，还具有实际的商业意义，因为许多内容平台的商业化工具需要精确的搜索关键词，一个独特且具差异化的产品昵称可以帮助品牌在投放广告时跳脱常规关键词，实现更高效精准的定位。例如，当用户搜索"人鱼唇釉"时，这一关键词就比"唇釉"更为精确，有助于将用户直接引导至花知晓的相关笔记，从而提高转化率。另一个有趣的案例是花知晓推出的蓝色渐变腮红，产品全称为"花知晓马戏团系列渐变浮雕腮红"，花知晓发现许多小红书博主在推广这款产品时，都会使用"马戏团系列腮红"等关键词，但最终用户们却自然而然地将其简称为"腮蓝"，这一产品昵称逐渐演变为小红书上的一个热门搜索词，甚至引领了一股潮流，让"腮蓝"成了一个独立的美妆新品类。"腮蓝"这个词的流行并非花知晓最初的营销目标，但因为它的外观和效果与用户的需求高度契合，使得用户在定义该产品时，自然而然地以这个名字来命名这一品类，从花知晓的案例中可以看出，来自用户的创造力，足以成为企业在推广产品时巨大的推动力。

格度 Grado 是一个成立于 2013 年的中国家居设计品牌，从创立之后便一直布局线下零售，直到 2020 年才开始在线上发力。格度 Grado 的创始人称自己每天要花 4 小时浏览小红书，目的是寻找用户需求、收集用户反馈。家居行业素有客单价高和用户决策周期长的特点，格度 Grado 在与小红书用户的深入沟通中，获得了许多产品设计、搭配的灵感。近年来，它更是敏捷地抓住了小红书用户关注审美和生活方式的消费趋势，与小红书博主深度合作打造爆品，实现销量的大幅增长。格度 Grado 在与小红书博主的合作中，往往会迅速、准确地把握并响应用户的真实需求，通常情况下，格度 Grado 一款新产品的开发周期可能长达半年甚至一年，但在格度 Grado 和小红书博主一颗 KK 的合作中，双方仅用了两周时间就完成了从需求定制到设计、打样、样品确认、批量生产的整个流程。格度 Grado 的结构工程师、设计师和样板师在整个过程中紧密合作，从专项研究到样板制作，再到生产制造，每个环节都紧密相扣，确保整个过程的高效率。

在新品发布的过程中，格度 Grado 采取与小红书博主紧密合作的策略，它会将产品预先投放到买手所管理的粉丝社群中，收集用户的即时反馈。这种合作模式，不仅让格度 Grado 能直接听到消费者的声音，同时也能从博主的专业视角中获得建议。格度 Grado 曾经根据小红书上一位家居博主一颗 KK 的反馈，将一款原本设计为单人使用的郁金香沙发，改造为适合多人使用的款式，并选用了更加亲民的材质。此外，格度 Grado 还与小红书家居博主野柿子小姐联手，共同推出了定制款产品，仅用一个月的时间就实现了销售额突破百万元。

通过与博主的深度共创，格度 Grado 能够更快速、精准地满足消费者需求，在激烈的市场竞争中获得一席之地。

3

趋势三：要"消费"不要"消费主义"

有人这样说："消费主义给我们设下的陷阱之一，就是要用专门的东西做一件事，比如我完全可以用淘汰掉的T恤做睡衣，商家却给我推荐了无数印有可爱图案的居家服。"

"'矫情美学'也是消费主义的陷阱，一支白色的笔，叫'白色'只能卖出10支，叫'珍珠白'能卖出20支，叫'帕卡凡纳圣殿白'可以卖出200支，叫'扑了蛾子白'，可能连1支都卖不出去……"

当代年轻用户在消费方面的一个显著趋势就是，他们的"财商"正在逐渐提升。他们更加理性地对待消费，并且乐于进行自我审视，会不断反思自己的购买行为。以Z世代为代表的年轻人成长于物质资源丰裕的时代，他们从小就对各种广告营销话术司空见惯。因此，他们对消费主义持有一种敏感和批判的态度，他们享受消费带来的乐趣，但同时对消费主义保持警惕，因为后者会让他们感觉失去了自主权，仿佛成了商品的奴隶。

尼尔森 IQ 曾联合小红书发布过一份消费者心理研究报告，揭示出小红书用户在消费决策过程中最为关注的因素，按照重要性从高到低的排序依次是：产品品质、个人愉悦、性价比、产品设计、公众评价。而品牌、价格和潮流趋势则位列其后。值得注意的是，产品品质、个人愉悦和性价比构成了消费者最为重视的三大决策要素。

这些数据对企业有重要的启示意义。第一，当代消费者，尤其是年轻消费者更注重产品本身的价值。比如在小红书平台上，用户们种草的是具体的一款款产品，他们对过去因品牌价值而带来的"溢价"逐渐祛魅，也就是说，相较于过去依赖品牌影响力来指导购买行为，当代消费者更加关注每一款产品为他们的生活创造的实际价值。这就解释了为什么近年来许多新兴的消费品牌能凭借某款优秀的产品，在激烈的市场竞争中脱颖而出——因为他们为用户提供了真正有价值的产品，为他们的生活提供了有效的解决方案。

第二，产品的情绪价值对于当代消费者而言也非常重要。产品的情绪价值是指产品在满足消费者基本功能需求之外，还具备引发他们情感反应和情感体验的附加价值。这种价值通常超越了产品的物理属性和功能性特征，与个体消费者的情感、记忆、期望和心理状态紧密相关。譬如，近年来"寺庙经济"开始在年轻人中流行，当代年轻人"在求人和求己之间，选择了求佛""在上班和上进之间，选择了上香"。携程旅游统计数据显示，2023 年以来，寺庙相关景区门票订单量同比增长 310%，并且在预订寺庙景区门票的人群中，"90 后""00 后"占比近 50%，年轻人已经成为点燃寺庙香火的主力军。甚至有的年轻人去寺庙不仅是为了旅游，还直接吃住在寺庙，在庙里当起义工，吃斋、念佛、抄经，开启一种远离城市、远离工作的"修行"。有意思的是，虽然年轻人的行为越来越"佛系"了，但他们在消费上却一点也不"佛系"。越来越多的年轻人涌入寺庙，也催生出火爆的"寺庙经济"。北京雍和宫是一个颇受年轻人青睐的寺庙，寺庙同时也出售一些手串、吊坠类的商品，其中有一款香灰琉璃手串在年轻人中尤其受欢迎，数百元的单价依然"一串难求"，许多人为了购买这样一款手串愿意排 1 小时以上的队，甚至在小红书上还催生出"手串代请"服务。除了雍和宫，北京郊区还有一个很小的寺庙，名叫卧佛寺，就因为与"offer"（录取通知书）谐音，被年轻网友冠以"offer 寺"之名，不少祈求考试通过或应聘成功的年轻人都会前往卧佛寺膜拜、许愿。或许就是在求佛问路的过程中，年轻人感受到前所未有的情绪价值，能暂时从生活的压力之下得到放空，找到一种与世界和解的方式。

第三，小红书用户非常关注产品的性价比。他们不仅爱消费，也懂消费，会认真评估一款产品或服务的价值是否与其价格相符。他们不会一味地追求平价或贵价，而是以产品价值为"标尺"，去评估自己值得为其付出多少价格。

从小红书年轻用户的消费决策因素中可以发现，他们的消费心理和行为正趋于理性，他们对消费的理念也在逐渐回归产品或服务本身，他们乐于消费，但他们倾向于以自己的需求为"圆心"，去寻找能为自己生活创造价值的产品，他们对"消费主义"的话术越来越警惕，与他们沟通需要使用更柔软、真诚的方式，才能成功"种草"。

4

趋势四：后物质时代，崇尚"生活美学"

Study our manuscripts, those myriads
Of letters, which have past twixt thee and me
Thence write our annals, and in them will be
To all whom love's subliming fire invades
Rule and example found...

2023 年，章小蕙在小红书的一场带货直播中，用她带有伦敦腔的英文为粉丝念了一段诗。这是文艺复兴时期英国诗人约翰·邓恩写给妻子的情诗《告别书》（*A Valediction of the Book*）。

"你看仙子的薄纱就是这块眼影的颜色……primavera 代表春天，就是这个颜色的名字，画里面的颜色就是整个故事的灵感来源。"用文艺复兴大师波提切利的名作《春》向粉丝推荐一款眼影盘，章小蕙这种充满艺术感与美感的直播方式，让许多用户感到耳目一新。

她在直播中不仅展示了该眼影盘的色彩,还细致地讲解了每个色号在经典画作中的灵感来源和相关美术知识。

章小蕙的直播"美学"(图片来源于网络)

她一边在手臂上试色,一边将眼影盘色彩与艺术作品巧妙地联系起来,最终 6 小时的直播,在小红书的站内热度超过 6 亿[1],销售额超过 5000 万元,其种草实力显而易见。与其他大部分平台上充斥着"三二一上链接"的低价促销直播不同,以章小蕙为代表的小红书直播更注重展示产品的质感和效果,在直播的过程中用户可以感受到博主对生活美学的追求。在章小蕙的直播中,她经常会分享自己的日常点滴、生活哲学、钟爱的咖啡店、对时尚的见解等。在商

---

[1] 来自小红书官方数据,小红书对于热度有自己的计算和衡量方式。

品选择上，其直播中也经常出现一些她亲自搭配的产品组合——玫瑰盒子，这样颇具美感和调性的风格获得了许多小红书用户的喜爱。

在小红书上，那些获得用户青睐的笔记都有一个共同点——美。无论是新中式风格、北欧简约风、美式复古风、韩式风格，当代年轻人在穿搭、妆容、家居等各方面都在追求"审美化"，在小红书社区中，受欢迎的产品无不具备"赏心悦目"的特质。

东边野兽是一个于 2020 年诞生于上海的护肤与生活方式品牌，主打东方草本护肤，旗下每一款产品都主打一种草本成分，如灵芝、松茸、普洱等。东边野兽在产品设计上追求中式审美，却从不在品牌视觉中直接使用龙凤、牡丹、中式建筑等任何具象的东方元素，而是试图通过对传统元素的创新性再造和现代化表达，来展现更加深刻和现代的东方美学。

虽然是一个年轻的品牌，但东边野兽旗下的产品并不便宜，价格直追国际一线高端护肤品牌，在诸多主打"平价"的中国年轻美护品牌中显示出差异化的品牌调性。然而，东边野兽却面临着一个巨大的挑战，那就是来自用户的疑问："国产品牌凭什么这么贵？"如果不能很好地回答这个问题，东边野兽就很难创造销量的奇迹。

在东边野兽创始团队的眼中，当代消费者对产品真实价值的理解力、判断力在持续提升，"不花冤枉钱"已成为消费者的共识。随着信息透明度不断提高，多元的信息渠道已经拓宽了消费者的视野，并让他们的判断力变得更敏锐。同时，消费者对产品或服务真实价值的认识，远超过对价格的关注，性价比依然非常重要，但它不再仅仅是低价的代名词。消费者对价值的构成有着清晰的认识，他们倾向于对每一笔消费都精打细算，明白自己所购买的是哪一个价值层级的产品。这种趋势对于东边野兽而言，是一个积极的信号。

当东边野兽品牌正式亮相之前，它就选择了小红书作为早期宣传阵地。东边野兽在小红书社区中发布的前几篇笔记，就吸引到了一群精准的种子用户和合作伙伴。东边野兽在小红书进行内容创作时，无论是文字还是视觉呈现，都融入了鲜明的品牌价值和理念。比如，他们会采用拍摄珍宝的手法来捕捉草药的美感，这种独特的视角不仅展示出对自然的尊重，也体现了对传统与现代美学融合的追求。东边野兽对女性美的理解也是多维度的，更多地追求一种充满生命力的真实之美，东边野兽希望通过对每一张面容的细致阐释和解读，让美的定义更加丰富和立体，并且让每一位目标消费者都能感受到品牌对品质的追求。东边野兽也曾走进章小蕙的直播间，章小蕙在小红书上首次为东边野兽进行直播带货时，许多用户发表笔记表达了对它的喜爱和支持，成功推动了东边野兽销量的增长，也拓宽了它的知名度。

以小红书用户为代表的当代年轻用户不仅是审美趋势的追随者，更是引领者，他们具备敏锐的"美商"，乐于为那些能够触动他们视觉的美学产品付费，他们擅长在日常生活中寻找和创造美，为自己的生活添加美和诗意。

5

趋势五：体验型消费正当时

美国《连线》(Wired)杂志创始主编凯文·凯利(Kevin Kelly)在其著作《5000天后的世界》中，预言人类将在5000天后迎来一个全新的巨大平台，叫作"镜像世界"。所谓"镜像世界"，是指一个数字化的宇宙，在这个世界中，现实世界中的每一样事物，如道路、建筑等，都会拥有自己的"数字孪生体"——一个与现实世界中的实体等比例的虚拟存在。为了更生动地阐释这一概念，凯文·凯利在书中引用了一则寓言故事：

一位国王下令制造一个与地球同样大小的地球仪，要求它百分之百地再现地球上的一切细节，包括每一棵树、每一条山脉，乃至海洋与湖泊。在死刑的威胁下，人们投身于这项艰巨的任务，他们首先建立了一个底座，然后开始制作一个巨大的圆球——地球仪。随着时间的推移，地球仪逐渐完善，而真实的地球似乎在逐渐缩小。当这个新的世界完成时，所有的人都将迁移到这个地球仪上，因为原来的地球已经被消耗殆尽。

凯文·凯利预测，在这个虚拟的地球仪——镜像世界中，万物都将与 AI 相连，现实与数字化将无缝融合。这一概念最早由耶鲁大学的一位教授提出，类似于斯皮尔伯格电影《头号玩家》中的情节。如今，互联网已经实现了全球信息的数字化，让人们能够通过搜索找到答案。紧接着，社交平台作为第二代平台，捕捉并数字化了人们的活动和人际关系。现在，凯文·凯利认为第三代平台镜像世界即将到来，它将实现现实世界的全面数字化。借助 AI 和算法，镜像世界不仅能搜索现实世界，还能催生新事物。在镜像世界中，所有对象都转化为数据，可供机器读取。从凯文·凯利的预言中，我们可以看到一个趋势：线上与线下的界限正在逐渐模糊，技术的不断进步将最终消除这两者之间的隔阂。在用户体验层面，一场颠覆性的变革正在发生。

如今，许多品牌正在积极地研究"体验经济"这一课题，试图通过为消费者提供丰富的体验，促进产品的线上线下销售和品牌形象的建设。美国咖啡零售商星巴克曾提出过"第三空间"的概念，星巴克希望它的门店不仅是购买和享用咖啡的场所，更能成为一个让人们感到愉悦、放松，并拥有社交等更多功能的空间。20 世纪 90 年代，星巴克将这一理念融入线下咖啡店的经营中，以咖啡作为社交纽带，为消费者提供更丰富的消费体验。

近年来，许多新兴的中国消费品牌也在"体验经济"营销领域做出了新鲜的探索。在中国香薰市场，有一个品牌通过私域营销和线下门店取得了年销售额过亿元的成绩，部分爆款产品常常出现一品难求的情形，并且产品的复购率高达 60%。这个品牌名叫"观夏"，成立于 2019 年，它专注于"家居香氛个护"赛道，推出了许多原创

东方植物香型，其中一款"晶石情绪香薰"赢得了市场的关注，迅速走红。香水和香氛行业是极度依赖嗅觉体验的行业，因此线下体验对提升产品销量非常重要。观夏就在线下门店体验方面进行了大量探索，并形成了独特而行之有效的营销策略。

2020年，观夏入驻了北京金融街购物中心"连卡佛"，开始了首次线下尝试，随后开设了第一家独立线下门店。在接下来的两年中，观夏在北京、上海、深圳等地陆续开设了4家门店，每家门店都设计成了不同主题的"闻香空间"。以北京为例，观夏开设的门店位于国子监一座拥有数百年历史的四合院内，国子监作为元、明、清三代的国家最高学府，相当于古代的中央公办大学，观夏选择在此开设品牌旗舰店，试图用该地的悠久历史增强品牌的文化底蕴。

观夏国子监门店（图片来源于观夏小红书官方账号）

该四合院还靠近孔庙、雍和宫等历史遗迹和旅游景点，观夏在接手后投入了一年时间进行精心修缮，保留了三进式四合院的传统结构。门店设计成典型的中式风格，例如，庭院屋顶保留了传统的方胜纹、花卉纹瓦当，店内的陈列台则是以北京青砖为灵感，采用手工陶土砖制作的。此外，原有的四合院墙体被透明玻璃所取代，增强了室内外的视觉连通性，门口还设有供路人休息的区域。在空间功能上，观夏规划了多个功能区，包括产品展示区、活动与艺术展览区，并将它们巧妙地分布在不同的庭院中。闻香区则根据四合院的结构，被划分为家居香氛、东方精粹香水、东方哲学香水、身体洗护等多个区域。

坐落于上海的"观夏闲庭"是一座有着百年历史的西班牙式建筑，可以体现出城市的原生感，在上海"观夏闲庭"的二层，观夏打造了一个东方式生活空间，鼓励用户在这个空间中体验东方文人雅士的各式活动，如焚香、品茗、插花、挂画等。闲庭的"闲"字，指向一种从容的心态。可以看出，在观夏的品牌体系中，线下门店的角色是多维的，它不仅是一个物理空间，更是传递品牌理念、营造氛围感的体验空间，用户在这里可以沉浸式地体验产品和品牌故事，这不仅促进了产品销售，也加深了品牌在用户心中的印记。观夏目前已在中国开设了多家独立店铺，一些小红书博主和用户在笔记中提到，"观夏的线下店给人一种'一看就是观夏'的感觉"，这表明观夏的线下门店已经通过精心设计的体验空间，形成了鲜明的品牌特色。

观夏为何愿意投入高昂的时间和财力成本打造线下门店？要理解这个问题，就需要了解线下门店在观夏整体品牌和销售战略中所扮演的角色。观夏在品牌层面有一个核心策略——"不被定义的东方文化表达"，也称为"东方新摩登主义"，致力于以极简的风格传递并解构东方之美，并且自然地融入用户的日常生活中。在这个策略的指导下，观夏无论是在产品设计、品牌故事还是门店打造方面，都紧扣"东方"这一主题，形成了一个自成体系、相互补充的整体，从产品的香气到包装设计，再到背后的品牌理念，观夏构建出一套完整的内容体系，比如它采用松、桂、竹、莲等具有东方审美意涵的植物，创造出具有中国古典韵味的香气。甚至在销售文案的撰写上，观夏同样注重营造故事感和氛围感，文案风格唯美，产品的包装和命名都体现了东方美学，例如，"梅水煎茶""昆仑煮雪"等产品名称，可以迅速唤起用户心中的画面和想象。

观夏的线下门店也和线上营销风格一脉相承，门店的设计和产品包装都体现了讲述东方故事的理念，在观夏的理念中，线下门店不仅仅是销售空间，也是用户与品牌内容连结的体验场所。

Gentle Monster 是一个创立于 2011 年的韩国高端眼镜品牌，其产品设计风格大胆，造型前卫，受到许多年轻时尚爱好者的喜爱。Gentle Monster 在线下零售空间的设计方面也有着自己的追求，曾被誉为"零售空间设计的天花板"。Gentle Monster 的创始人认为，零售店铺不仅是消费者购物的场所，也是传递品牌精神和理念的重要载体。与其他大部分店铺不同，在 Gentle Monster 的线下门店中，眼镜产品反而并不是最显眼的存在，其店铺的整体氛围和设计才是真正的焦点，栩栩如生的灰色犀牛、巨人般的仿真面部雕塑、会眨眼的眼球装置、用牛角面包制作成的健身器材……Gentle Monster 的每一家零售店都像一个装置艺术展览空间，橱窗和陈设的设计极具视觉冲击力。并且 Gentle Monster 的每一家门店都拥有独特的主题和故事，这些充满故事性的门店空间设计为品牌带来了丰富的社交网络话题。在小红书上，许多博主和用户都将 Gentle Monster 视作不能错过的"打卡地",他们自发地前往 Gentle Monster 线下门店拍照打卡,并在小红书平台上分享他们的体验。

　　以 Gentle Monster 在北京 SKP-S 的门店为例,这家店铺呈现出一个富有科技感的主题故事——"未来人类",通过店内装潢和艺术装置的设计,试图让消费者体验到未来人类穿越火星与地球之间虫洞时的景象。踏入这个充满想象力的空间,消费者仿佛走进了科幻电影中,随处可见虫洞能量留下的痕迹,店内的动态装置呈现出的扭曲人体和物品,演绎出受虫洞能量影响而发生的变化。而 Gentle Monster 在成都的旗舰店则采用了一种暗黑的设计风格,门店设计的主题是地球经历一场剧烈海啸后,顽强生命体重获新生的故事,店内的装置艺术灵感则来源于陆地与海洋中不断进化的生命体。而 Gentle Monster 在上海淮海路的旗舰店则以"THE MOBITECTURE"为主题,讲述了人类在虚构的"第 13 个月"中,通过一种移动空间机器不断探索新栖息地的冒险故事,店内的装置艺术状如船只和海洋生物,充满想象力。可以看到,Gentle Monster 的每一家门店都以其独特的故事和风格,共同围绕着未来、科技以及人类命运的探索,通过这些线下门店的故事讲述,Gentle Monster 的品牌形象变得更加立体和深刻,从而在激烈的市场竞争中脱颖而出,成为独树一帜的存在。

　　位于上海的安福路,是一条拥有百年历史的小马路,近年来,却忽然成为小红书用户青睐的一处网红打卡地。尽管安福路全长只有 900 米,但以其独特的文艺气息在上海的繁华中独享一份宁静。最初的安福路,并不像邻近的淮海路、武康路那样名声显赫,但近几年安福路却异军突起,跻身新晋潮流地标。安福路的成功,在于其与众不同的商业特色，这里沿街的店铺不仅拥有线上商铺，并且都是小红书上的热门商家，这些品牌大多成立于近五年，通过线上起家，以"白牌商品的品牌化"模式迅速成长，比如，野兽派、Brandy Melville、多抓鱼、三顿半、家具店 Cabana 等品牌都先后在安福路开出"中国首店"或"首家线下概念店"。2022 年 3 月，小红书官方发起了一个名为"安福路在线"的品牌活动，旨在打造一个原创设计师品牌的线上集合地，这个项目集结了小红书站内上千家设计师品牌，一起发售春季新品。安福路能火起来的一个核心原因，就是这里有很独特的品牌店铺。当这些自带光环的明星新消费品牌在线下扎堆时，就形成了一种天然的"打卡"场域。许多小红书博主来到安福路探店、拍照、发小红书，让"安福路在线"得以"把线下商圈搬到线上"。从某种意义上看，安福路就像线下的小红书，两者互为映射，一起拓展着体验营销的新边界。

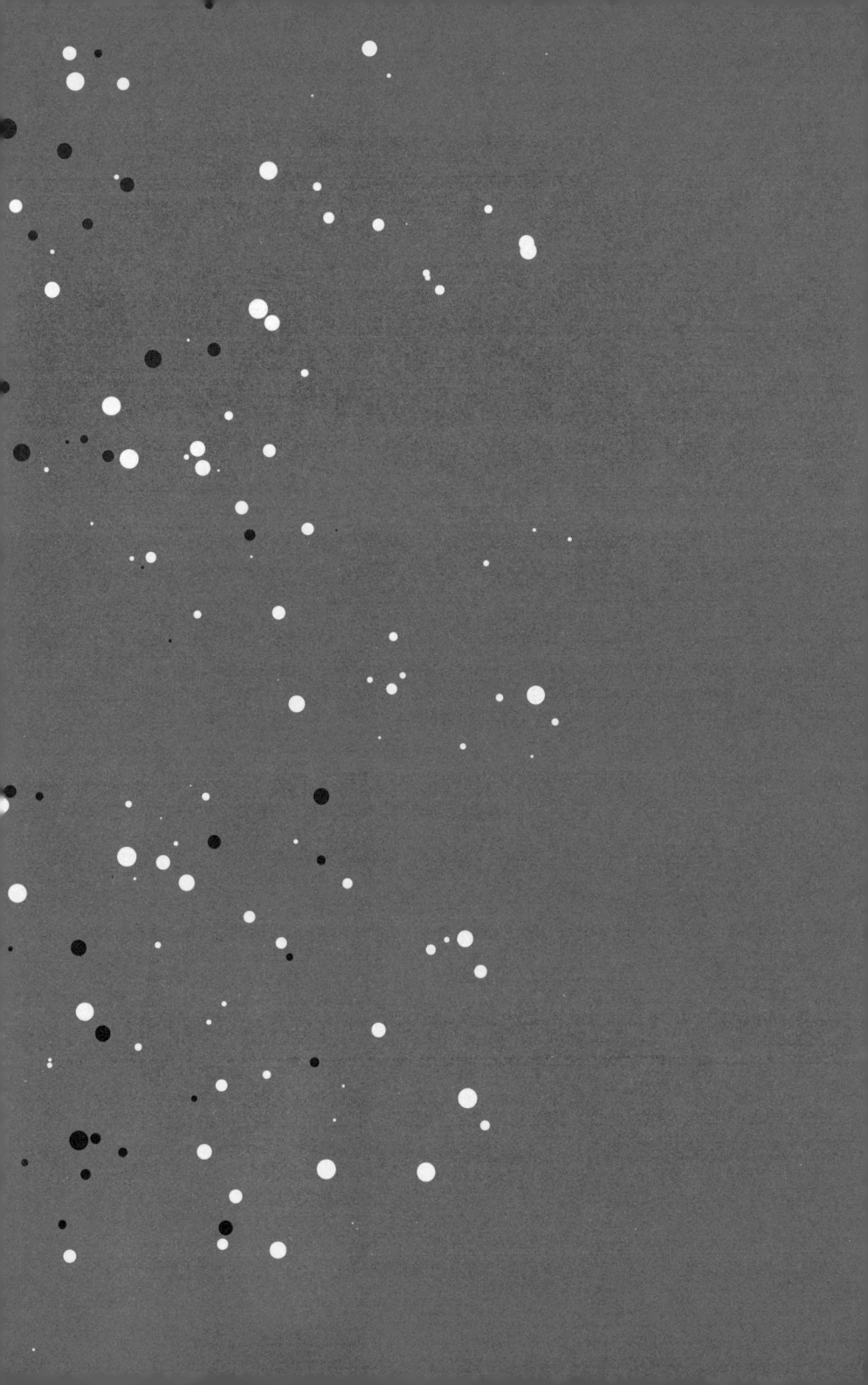

种草灵感三

没有内容，就没有一切

种草密码

现代营销学之父菲利普·科特勒曾提出过一个观点，他认为水平、包容、社会的力量正在战胜垂直、独享、个人的力量。体现在营销领域，则是"用户不再惧怕大公司和大品牌，他们敢于发声，愿意分享与品牌有关的种种故事。如今，有关品牌的闲谈远比精准的广告宣传更为可信。社交圈子接过了外部营销和个人喜好的'火炬'，成为影响力的主要来源。用户在选择品牌时，倾向于听取朋友的经验，好像在建起一座社交圈子筑成的堡垒，免受虚假品牌宣传和营销手段的欺骗"。

过去，消费者接收信息的渠道是"垂直"的，他们处于信息流动链条的底端，更容易受到企业营销活动的影响，也习惯听从专业和内行的意见。但现在，<mark>越来越多的消费者更愿意相信"F因素"（如Friend 朋友、Family 家人、Fans 粉丝），许多用户习惯在社交媒体上向陌生的普通人求助，对企业绘声绘色的广告宣传和专家们高深晦涩的意见逐渐祛魅</mark>。企业与消费者之间的关系正在由"垂直化"变得"水平化"，社交网络上无数的用户用他们无数双眼睛紧盯着企业产品或服务的方方面面，让企业很难通过过分美化或虚假的宣传从市场中脱颖而出。

今天，互联网的普及让人与人之间的连通性大大加强了。用户与用户之间是高度连通的，大量的信息仿佛疾驰在错综复杂的网络高速公路上，在用户之间飞速地传递着。过去，当消费者选购商品时，通常会用两个维度作为依据——个人喜好和社会从众心理。网络世界的连通性大大增强，社会从众心理的权重因此得到升高，消费者越来越重视来自他人的经验和意见，乐于分享并整合彼此的信息。<mark>如今，品牌的形象是由企业自己和消费者共同构建出来的，消费者不再是被动的目标，而是一个个传播产品信息的活跃载体</mark>。消费者的正面口碑会成为企业珍贵的品牌资产，而负面口碑则会导致企业声名滑坡。那些诚信、产品过硬的企业和品牌无须担心，那些依靠虚假宣传且产品质量低劣的企业和品牌将会被消费者遗弃，在一个信息透明度日益提升的数字世界中，想要掩盖污点、掩盖用户真实反馈将越来越难。

在互联网营销领域，NPS（Net Promoter Score）成为企业衡量用户口碑的一个重要指标，NPS 即净推荐值，它代表着消费者是否愿意将某品牌或产品推荐给他的朋友或者同事。NPS 的计算方式是推荐者所占的百分比减去批评者所占的百分比，在 NPS 评分中，得分超过 50% 被认为是一个积极的信号，如果 NPS 得分位于 70%~80% 之间，则表明公司拥有一群高度忠诚的客户群体。通过 NPS 的评分体系，企业可以评估出顾客在忠诚度和推荐意愿层面的等级，比如"推荐者"，这群顾客对品牌表现出极高的忠诚度和热情，他们不仅会持续复购，还会主动向他人推荐，成为品牌成长的重要推动力；又比如"被动者"，这类顾客对品牌整体感到满意，但尚未达到积极宣传这一品牌的程度，他们在未来的购买决策中可能会考虑竞争对手的产品，显示出一定的摇摆性；再比如"贬损者"，这部分顾客对品牌的产品或服务感到不满，对企业缺乏忠诚，并且他们可能通过负面口碑影响品牌形象。

在今天的营销环境中，企业应该怎么做，才能撬动用户正向口碑源源不断地产生，从而不断砌高品牌的护城河呢？在质量过硬的好产品、好服务的基础之上，企业应该如何调动大众的力量，启动品牌生意运转的正循环？内容，就是一把不可忽视的钥匙，可以帮助企业打开更多新的大门。

讨厌的广告,有趣的内容

第五章

广告这一古老的行业，已经历了数百年的发展和演变。自15世纪开始，印刷技术的发展极大地推动了广告业的繁荣，到了17、18世纪，随着报纸和杂志的普及，广告开始出现在出版物上。19世纪，伴随着工业革命的推进，广告成为商业活动中的重要组成部分，这一时期的广告开始采用更复杂的视觉设计与文案标语，以吸引消费者的注意力。20世纪以来，广告行业进入爆炸式增长期，随着广播、电视和互联网的出现，广告的形式和传播渠道变得多样化。

可以看出，广告一开始就诞生于信息分发中心化的媒体时代，直到社交网络的发展将信息的生产和分发权送到了每一位普通用户手上。广告，这一过去商业世界中的宠儿开始感到一丝黯然。今天，比起精心设计的"广告"，消费者更喜欢真实有用的"内容"。近年来，"内容营销"成为互联网广告营销中的一股热门潮流，内容仿佛成了广告在互联网语境中的高级变体。互联网的透明性催生了内容营销的存在空间，互联网的连通性则让客户可以通过来自不同渠道的内容，勾勒出品牌的全貌。

内容营销不同于其他强销售导向的营销方式，它通过各类内容的生产和分发（包括但不限于图片、文字、视频等），为消费者提供有价值的信息，从而吸引用户、打动用户、影响用户，通过内容与特定的用户群体进行深度对话，推动企业实现生意转化。内容营销如今已被许多企业视作一种能在品牌和消费者之间构建深层关系的营销方式。那些擅长内容营销的企业，往往能为消费者提供高品质的原创内容和品牌故事，让消费者变成品牌故事的传播者。

在各大社交媒体上，无论企业打造的品牌内容和赞助内容（品牌通过非常规的广告形式提供的内容）多么声势浩大，只要用户没有感受到自己与这些内容的关联性，他们就不会在上面浪费时间。那些获得亿级观看量、播放量的内容，或订阅人数动辄几百万、上千万的频道，其内容往往具有高度的原创性，而不是企业推销自己的广告。对于企业而言，传统的广告能做到的是信息的单向传播，而社交媒体上的内容却能让企业和用户实现双向沟通。

中国连锁咖啡品牌瑞幸咖啡在小红书上通过官方账号创作了大量有传播度的笔记内容。比如，其中有一篇图文笔记的标题为《瑞幸真的有好多水豚！》，封面是一堆倒放的瑞幸咖啡杯托，看上去形似水豚。

图片来自瑞幸咖啡小红书官方账号

瑞幸咖啡官方账号的运营者巧妙地捕捉到这一趣味瞬间，发布了这张店内的日常照片。如果将瑞幸咖啡这篇笔记放入小红书信息流中，完全看不出是企业官方的创作，倒很像一名普通用户随手分享的内容。这篇看似普通的笔记收获了超过 2600 个点赞，体现出瑞幸咖啡深谙什么样的内容最容易吸引小红书用户的关注。瑞幸咖啡还在小红书笔记中向用户征集"世界上最难说出口的三句话"，排名前三位的三句话分别是"对不起""我爱你"和"蒸青日向夏拿铁"。"蒸青日向夏拿铁"是瑞幸咖啡当时新推出的一款饮品。这款拿铁的名字来源于其独特的成分："蒸青"是一种绿茶加工工艺，可以让饮品充满浓郁的自然气息；"日向夏"则是一种柑橘，充满清新的果香。瑞幸咖啡在小红书上以幽默的方式介绍这款新品，获得了大量用户的积极互动。通过这些广告感极弱的原创内容，瑞幸咖啡的小红书账号积累了 75.5 万粉丝，远远超过同行业其他企业的粉丝数量。

对企业而言，像瑞幸咖啡这样的内容营销成本更低、制作效率更高，企业无须花费漫长的时间、投入高昂的制作费用去打造精致的广告片，也不用花大价钱购买中心化的媒介渠道。许多企业开始在社交媒体上打造属于企业的自媒体，以减少对传统媒体的依赖。不过，企业"头脑"的转变并不比它们"手脚"的转变更快，许多营销人员容易将内容营销视为另一种形式的广告，在内容上并未做出改变和突破，比如把一些广告意味明显的信息直接照搬到社交媒体上，但这样的内容并不能得到用户的青睐，往往只有寥寥无几的观看量。内容营销虽然依然是广告的一种，但两者的本质截然不同：

广告是企业销售产品和服务所需传达的信息，而内容则是用户视角下，对他们而言有关、有趣或者有用的信息。企业必须明白自己眼中的好内容不一定是用户眼中的好内容，如今的裁判权已经交到了用户手中。

1

认知盈余带来的集体善意

认知盈余是克莱·舍基（Clay Shirky）提出的一个概念，指那些受过良好教育并拥有可自由支配时间的个体，不仅拥有深厚的知识储备，还具备强烈的分享意愿，当这些个体的时间和知识汇聚在一起时，就能激发出巨大的社会能量。Facebook、Twitter以及维基百科等平台的成功，都是"认知盈余"现象的体现。用户变为内容的主导者、分享者和提供者，随着越来越多的网民加入到分享的行列，其力量不断汇聚、壮大。对于企业而言，如果不能主动适应这股自由分享的潮流，就会面临被市场淘汰的风险。

克莱·舍基认为："微小的选择是一种个人行为；某人只是简单地决定下一个小时要用来创造一些事物，而不是单纯地看电视。然而数以百万计的微小选择的集合，最终可能导致庞大的集体行为。全世界的认知盈余太多了，多到即使微小的变化都能累积为巨大的结果。"他认为，人们现在可以把自由时间当作一种普遍的社会资产，用于大型的共同创造的项目，而不是仅供个人消磨。

克莱·舍基在《认知盈余》一书中举过"大笑猫"（Lolcat）的例子。"大笑猫"最初是这样一张图片：一只灰色的猫咪张着嘴，狂躁地瞪着眼睛，图上配着一句文案"我能吃奶酪三明治吗"。就是这样一张有些夸张的图片，激发了许多网友的主动创造，用"大笑猫"的口吻说着"我今天过得不爽""我偷了你一些吃的，谢谢""强盗猫刚吃了你的玉米煎饼"等标语。用户对"大笑猫"进行二次创作，不需要任何技术含量，因此任何看到"大笑猫"的人都会快速得到一个信息——你也能玩这个游戏，谁都可以在一只可爱的猫咪图片旁加上一个恶搞的标题。"你也可以玩这个游戏"中蕴含的愉悦并不仅仅存在于创造，它同样存在于分享中。UGC（User-Generated Content）即用户生成的内容，这个词描述的不仅是个人行为，更是一种社会行为。"大笑猫"不仅仅是由用户生成的，更是被用户分享的东西。本质上，分享才是人们愉悦的来源，因为没有任何人创造一只"大笑猫"是为了给自己留着。

在克莱·舍基看来："一张大笑猫图片所拥有的社会价值，仅仅和一个坐上去就发出放屁声的垫子相当，它的文化寿命如同蜉蝣一般短暂。"很多人也认为"大笑猫"的创作非常平庸而愚蠢，然而"再愚蠢的创作也是一种创作"。虽然在创作的领域，平庸和优秀之间确实存在天壤之别，但平庸仍然处在创造的范围内，"真正的鸿沟在于什么都不做和做点儿什么之间，而创造大笑猫的人已经跨过了这道坎"。

在20世纪，随着社会生活的"原子化"，传统的社会联系和集体组织被削弱，个体变得更加孤立和分散，人与人之间的联系减少，个体主义和自我关注成为社会思潮，传统的参与式文化渐行渐远。

然而，随着社交媒体的发展，参与文化开始卷土重来了。参与文化的实践，即和他人共同创造和分享某物，这一模式正在借助互联网科技的力量重新焕发活力。如果我们认同人类本质上热爱创造和分享，无论这些分享的内容多么粗糙或不完美，那我们也能理解以"大笑猫"为代表的网络文化出现有其必然性。这种文化现象的兴起，不仅仅是对技术的一种利用，更是一种文化参与和创造性表达的回归。它反映了人们对于参与和创造的深切渴望，以及在数字时代中寻求社区归属感和文化认同的尝试。

在拥有 3 亿月活跃用户的小红书社区中，通过海量用户的认知盈余产生的集体善意不胜枚举。2021 年，一名 ID 为小艾同学的用户发布了一篇小红书笔记，笔记内容是一张自己的半身照，整篇笔记只有一句文案："找不着对象，大家觉得我问题出在哪里？"就是这样一篇简单的笔记，却引发了一场用户评论的风暴。

小艾同学当时年仅 25 岁，照片中的他脸庞微胖、头发因为缺乏修剪显得有些凌乱，身穿白衬衫和黑色西服，显示出与年龄不符的成熟。鉴于小艾同学在小红书诚心诚意地发问，素不相识的陌生用户们便纷纷开始伸出援手。有用户在评论区尖锐地指出他缺乏体型管理、皮肤需要保养、衣品有待提升、职业不具备竞争力……面对奔涌而来的建议，无论它们中肯还是刺耳，小艾同学都选择虚心接受，诚心听劝，并开始了一场长达两年的自我重塑。

通过两年的不懈努力，小艾同学的发型换了、身材塑形了、皮肤变好了、衣品焕然一新，不仅如此，小艾同学还在小红书找到了与他彼此欣赏的女友，一路分享他的恋爱、备婚、结婚等人生历程,收获了许多陌生人的祝福。迄今,小艾同学发布的第一篇"找不着对象,大家觉得我问题出在哪里?"的笔记下,已有1.1万条用户评论。

从这个故事中可以看出,以小艾同学为代表的大量普通用户,期待在小红书上获取生活、职场、情感等方面的建议,他们也非常乐于向社区中的陌生人分享自己真诚的建议,从而收获满满的价值感。小红书官方数据显示,社区里每一篇关于"听劝求助"的笔记,平均会收到43.9个陌生人的回答。在这里,用户的提问和回答已经形成了良好的正循环,刺激着认知盈余源源不断地产生。

2

在小红书流行的**爆款内容**，都有这**五个特征**

自从社交网络诞生以来，"流量密码"这四个字就一直萦绕在每位营销从业者的心头。诚然，每一个内容平台都有属于自己的流量密码，悉心钻研的人，可以从中找到"捷径"，实现"偷懒"甚至"作弊"，享受流量带来的用户关注度与商业机会，即使遵循这些流量密码而生产出的内容是粗制滥造、缺乏长期价值的。

在小红书，由于特殊的用户群体构成，这里的用户对内容有着不一样的消费偏好。小红书上 50% 的用户分布在一二线城市，50% 的用户出生在 1995 年后，35% 的用户出生在 2000 年后，并且女性用户占比达到 70%。这样一群年轻、消费力强、分享欲旺盛的用户，对内容质感的要求更高，更期待能看到好内容，也更愿意在这里分享内容。

关于什么样的内容称得上是"好内容"，业界一直缺乏统一的标准。事实上，我们很难为"好内容"下一个简单的定义，因为不同的时代、不同的人在不同的人生阶段乃至不同的心境之下，对内容的需求和标准都不尽相同。先秦的四言诗、汉朝的赋、唐代的诗歌、宋代的诗和词、明清的小说，它们有的清新，有的纤秾，有的质朴无华，有的精巧铺陈，有的饱含奔涌的情绪，有的蕴含理性的机锋。不同的时空维度下，内容会变幻出多样的身姿，每一面都有其迷人之处。

如果尝试缩小范围，好内容的标准便容易浮出水面。放眼小红书，我们可以根据社区中流行的、受用户欢迎的内容，描摹出小红书用户心目中的好内容的特征。

特征一：有用——对生活的"影响力"

回溯小红书的发展历程，我们可以找到一些明显的线索。前文章节中介绍过，小红书诞生之初的产品形态，是七份出境购物攻略 PDF 文件。"攻略"本身就带着极强的工具属性，能为出境旅游的用户提供购物指南，告诉他们在哪里能以更实惠的价格购买到心仪的商品。这样七份出境购物攻略，吸引而来的种子用户自然是一群消费能力强、对生活品质有要求、有信息甄别能力的用户。

初始的内容和初始的用户，就像一粒种子，埋下了小红书这一平台的基因——"有用"。每一个拿起手机浏览信息的人，对内容的诉求都大不相同。有人经过一天繁重的工作，手指机械地在手机屏幕上滑动，企图通过浏览轻松娱乐的内容帮助自己放松大脑，消磨时光；有人周末居家，想为自己烹调一餐美食，他拿起手机打开小红书搜索关键词"空气炸锅美食",找到许多步骤清晰、详尽的食谱,于是,在他人分享的经验指导下,此人顺利地为自己做出一桌美食;有人在感情中遭遇了挫折,有些不知所措,又羞于向身边的人求助,于是在小红书情感话题笔记的评论区中寻找到同病相怜的人,他们在这里彼此倾诉并分享经验,获得鼓励和治愈。

可以看出,不同类型内容对用户的价值截然不同。内容有实用的功能价值,也有情绪价值、审美价值。而在小红书上,"有用"的内容是用户更期待看到的,能够对用户的生活产生影响力、促使他们的生活产生向好势头的内容,更容易获得青睐。

这一点,在小红书的用户行为数据上也能找到验证。在小红书每月的活跃用户中,有70%的用户都会使用搜索功能,并且42%的新用户来到小红书第一天就会使用搜索功能。搜索这一行为高频出现,说明许多用户是带着"问题"来到小红书的,并期待通过他人的经验和分享,找到自己生活和消费决策的参考。

因此,<u>想要在小红书上进行营销活动的企业必须记住一个规则:"有用"是内容在小红书上流行的"金线"</u>。这对企业的营销思维提出了挑战。过去,企业生产出一款产品,往往会不厌其烦地向用户描述该产品的功能,企图让用户相信并记住,从而产生购买行为。但现在,企业更需要站在用户的视角,去体察用户在哪些生活场景下最需要这款产品、使用了这款产品后能为用户的生活带来怎样的价值,从而让用户主动种草。如今,企业需要把"功利的广告"变为"有用的内容",才能实现和用户的高效沟通。

试想一下，如果你想在小红书上推广一款气垫粉底，你会怎样去撰写这篇广告笔记？一种思路是，去详细介绍这款气垫粉底的成分、质地、上妆效果，然后等待用户为此买单。现在我们不妨根据前文的提醒，试试另一种思路，把这则广告变成一篇对用户有用的内容。

小红书美妆博主胡还行就创作过这样一篇商业笔记，她制作了一篇视频笔记去推广一款气垫粉底，视频标题叫作《帮你定制的新手淡妆，学会了365天都能化》。从这篇笔记的标题中，我们就能清晰地看出，这位博主锁定了一个细分美妆人群——美妆新手，也锁定了一个细分美妆场景——日常生活（365天都适用）。

确定了人群和场景后，在这篇3分钟的视频笔记中，博主胡还行没有生硬地介绍气垫粉底产品的功能，而是在自己上妆的过程中，通过对上妆技巧的讲解，自然地体现产品的特点。比如，从第一步"取粉"开始，博主会告诉大家这款气垫粉底质地水润，并且量很足，取粉的技巧是要先对着气垫中心按压一下，然后在盖子上把粉拍均匀，观察自己脸上哪里瑕疵最多，第一下就按在哪里，再慢慢向四周拍开。在介绍上妆技巧的过程中，博主会提到很喜欢这款气垫的粉扑，因为它很有弹性，上面还有透气孔，所以上妆会很均匀，妆感细腻。博主还会提到自己的鼻翼泛红、唇周暗沉，但因为这款气垫的遮瑕力和隐形毛孔的能力不错，所以可以遮盖得很好。在上妆的过程中，博主还会提及，这款气垫产品加入了玻尿酸成分，所以整个膏体在有一定厚度的同时还比较滋润，不像一层油一般浮在脸上。

在这支视频中，用户听不到一句充满叫卖意味的"广告语"，也看不到博主极力劝说购买的意图，她在分享实用上妆技巧的过程中，就巧妙地完成了一次令用户心动的"种草"。胡还行的这篇笔记，明明是一则广告，却在小红书收获了超过 18 万次点赞和收藏。点赞和收藏就如同用户的投票，可以看出内容是否真正走进了用户内心并获得欢迎。再进一步分析，我们可以看到，<u>点赞意味着用户认可、喜欢这篇内容，并没有因为它是一则广告而产生抵触心理，而收藏则意味着用户很可能会再次查看这篇内容，说明这篇内容对用户有用。</u>

无论是从小红书社区用户的故事，还是博主的爆款商业笔记特征中，都可以看出，这里的用户更喜欢有用的内容，那些能对用户的生活产生正向影响力的内容，更有机会在滚滚的信息洪流中收获用户珍贵的注意力。

特征二：利他——构建善意的正循环

利他这一概念，最早由法国社会学家奥古斯特·孔德提出，他认为利他是一种为他人而生活的愿望或倾向。利他行为通常具有这些特征：对他人有利，并且是一种自愿的、有意识的、目的明确的行为，个体从中所获得的利益在于行为本身，不期望有任何精神或物质的外部回报。利他行为并不依赖外部奖励，它本身就是一种内在的自我激励，当个体进行利他行为时，他可能会感受到内心的愉悦和满足感，并享受这种内在的正向反馈。

小红书的社区氛围、热爱倾听和分享的用户群体，让利他精神得以存在。"听劝"文化就是利他精神在小红书社区中的一种体现。"听劝"一词在小红书上出现，代表着一部分用户在这里真心表达需求感受，另一部分用户则用心给出解决方案。美国作家厄休拉·勒古恩曾经提出过一个观点："没有人真的能够独自做成任何事。一个孩子需要的，也是我们共同需要的，是找到其他一些人，他们沿着对我们构成意义且带来些许自由的故事线想象出某种生活，而我们需要聆听他们的声音。不是被动地'听见'，而是'聆听'。聆听是一种社群行动，它需要空间、时间和寂静。"在小红书的社区中，聆听的氛围就格外浓厚。

2023年，"听劝"的风吹到了文旅领域，据小红书官方不完全统计，2023年12月至2024年1月，小红书用户在文旅领域一共给出了1318万条建议，各地文旅落实了40多条惠民政策。2023年年底，牡丹江市文化和旅游局就和小红书展开了合作，参与了社区"文旅听劝"活动。在这次活动中，牡丹江文旅局倾听了小红书用户的真实需求和建议，通过实施线下惠民政策，有效扩大了其在年轻用户群体中的口碑影响力。

在人们的旅行中，一些困扰会极大降低旅行的体验感，比如厕所排长队、出租车乱计价、随身携带的物品遗失、休息室不够用……面对这些问题，牡丹江文旅局认真听取了用户的需求，在一夜之间建成公共厕所，以满足游客的基本需求。他们还在银装素裹的东北雪景中增设了免费休息站、行李寄存站和失物招领站等设施，提供免费公益车和明码标价的出租车服务，极大地提升了游玩的便利性和舒适度。此外，牡丹江市还推出了一系列优惠措施，如更经济实惠的烧烤美食、极低价格的洗浴服务，以及每晚仅需200元即可入住某些五星级酒店，这些举措不仅为游客带来了实实在在的优惠，也进一步提升了牡丹江市作为旅游目的地的吸引力和竞争力。

不仅如此，牡丹江市文旅局还携手小红书，打造了横道河子冰雪童话主题路线。这一创新举措极大地提升了横道河子的知名度，此前并非热门旅游景点的横道河子火车站，如今变得人潮涌动，成为众多游客争相拍照留念的打卡地。随着每一条建议得到认真回应，众多旅游相关问题迎刃而解，"文旅听劝"让用户感受到自己的声音被地方政府重视，对于那些暂时无法立刻解决的问题，公众也给予了充分的理解和支持。对企业和机构而言，"听劝"的本质，就是聆听用户利他的分享和建议，并与用户保持深层次的沟通。

小红书上大量新鲜、高质量的UGC和实用攻略，持续创造着新的玩法、路线和趋势。这种"新"，不仅是发现城市中原有生活状态下内心美好的生活氛围，而且是秉着利他的精神，将自己在生活中独特而美好的体验分享出来，并让更多人享受到这样的体验。坐落于浙江省丽水市松阳县的松阳古城，是一个拥有两千多年历史的古镇。有小红书用户在这里发现了"24个不同的发呆角落"，分享自己在乡村慢生活中感受到的治愈，让古镇成了更多年轻人释放压力、寻求"桃花源照进现实"的理想之地。

松阳古城（图片来源于小红书）

在年轻人善意分享的正循环中，大量小众但美好的生活经验、情绪体验得以流动起来，让小红书上的内容变得异常多元和丰茂，而"利他"正是开启这种正循环的钥匙。

特征三：审美——微小的生活美学

在小红书社区中，"艺术"是年轻用户生活中不可或缺的一部分，小红书站内与"艺术"相关的内容拥有超过830亿次的浏览。"审美"，是小红书用户对内容的一大要求。"审美"不仅体现在美妆、时尚、穿搭领域，一本装帧优雅的书籍、一杯仙气满满的海盐樱花气泡饮、一台美式复古风的烤箱、一次色彩明媚的春日野餐，都能赢得用户的关注。在小红书，"高颜值"几乎可以成为任何事物的前缀，这里的年轻用户愿意为产品或服务的审美价值买单。

如何在炎炎夏日卖爆一款保温杯？只要产品"长在了用户的审美上"，企业就能在小红书上收获惊喜。中国厨房家电品牌苏泊尔旗下有多款厨房产品，但用户对品牌的认知还停留在老牌小家电上，对其旗下的水杯产品缺乏认知。然而，水杯赛道已是一片拥挤的红海，其中挤满了诸多知名品牌，并且苏泊尔旗下有超过 50 款水杯产品，究竟哪款产品最有爆品潜质，谁也无从知晓。对于苏泊尔而言，要想突出重围可谓困难重重，加之保温杯属于刚需、耐消产品，用户对这类产品的诉求是满足日常喝水需求即可，更换频次很低。在重重挑战下，苏泊尔保温杯找到了一个新的思路——将保温杯打造为年轻用户的潮流搭配单品，当年轻用户愿意为颜值、时尚感买单时，就会提升产品的更换频次。

　　苏泊尔首先在小红书进行趋势洞察，发现咖啡杯赛道是水杯赛道中为数不多的蓝海赛道——入局的品牌相对较少，且咖啡杯颇受小红书年轻用户的欢迎。小红书站内"早 C 晚 A"〔早上喝咖啡（Coffee），晚上喝低度酒（Alcohol）〕的趋势流行已久。因此，苏泊尔从旗下五十余款水杯中，挑选出一款陶瓷内胆的咖啡保温杯，这款产品拥有米色搭配砖红色的色彩，充满复古情调。选准了主推品之后，接下来要做的就是找准产品卖点，更好地击中用户的需求。由于苏泊尔这款咖啡保温杯的推广期在夏季，保温功能并不占优势，苏泊尔深入分析小红书社区的用户笔记和互动内容后，洞察到保温杯对当代年轻人来说不仅可以保温，还可以反其道而行用于"保冷"。尤其在夏季时，年轻消费者对饮品中加冰块的诉求非常强烈，因为高温天气下迅速融化的冰块会稀释饮品的浓度，影响饮品的原始口感。"保温杯里泡冰块，叛逆大人的最爱"，基于这一洞察，苏泊尔找到了旗下保温杯的推广方向——"保冷杯"。不仅如此，苏泊尔还捕捉到当时小红书社区中兴起的复古审美趋势，将这款原本就充满复古色调的保温杯，往"美式复古风水杯"的方向进行包装。在人群的沟通上，苏泊尔则采取了阶梯式人群细分沟通策略，通过在不同生活场景中展示这款咖啡杯，凸显其保冷功能和复古外形。比如居家场景的"桌面搭配好物"、穿搭场景的"复古OOTD"、校园场景的"图书馆续命神器"，以及户外出行场景的"户外随行天菜"，实现在多维度生活场景中与用户对话，让这款保温杯从日常的"喝水必备"成为"潮流必搭"。

在产品推广期间，苏泊尔复古咖啡杯的搜索声量环比增长数十倍，并产生了多篇万赞爆文，使得苏泊尔成为小红书全网咖啡杯品类中声量最高的品牌之一。在生意层面，苏泊尔也收获了可观的GMV。通过对小红书用户审美偏好的洞察，苏泊尔打破产品营销惯性，让一款保温杯在夏日成功出圈。

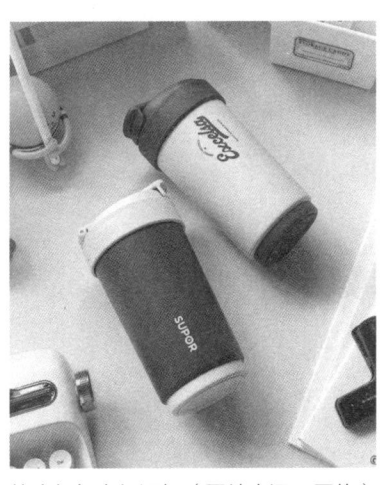

苏泊尔复古保温杯（图片来源于网络）

复古风审美近年来席卷小红书。随着年轻用户文化自信觉醒，东方美学生活方式也开始回潮。在小红书上，"新中式"成为一股深受用户欢迎的潮流，年轻人穿着熠熠生辉的马面裙去全球各地的博物馆游览；热心钻研细眉淡眼的中式妆容，将国风画在脸上；在社区中积极讨论仕女图百宝柜和复古仙鹤屏风，将风雅颂搬到屋里……

山下有松 Songmout 是一个年轻的中国包袋品牌，旗下产品以简约的设计和富有东方韵味的调性，赢得了许多年轻用户的喜爱。在小红书社区，"小众设计师品牌"获得 4185 万次浏览，"小众设计师包包"则有 1191 万次浏览。这里可以说是小众品牌找到种子用户的宝藏之地。山下有松 Songmout 有一个有趣的品牌理念，叫作"慢一点，憨一点"，它希望在快节奏的当下，在消费者心中唤起山下有松的境界，构建起独特的品牌价值。在材质上，山下有松 Songmout 选择全粒面的头层头皮，这种材质可以恰到好处地留下消费者使用的痕迹；它还会使用帆布、回收再利用的海洋垃圾等环保材质，制作环保绿色的包袋。山下有松 Songmout 希望向用户传递一个理念："山下有松的包不仅是用来纳物的，还能参与消费者的个人成长，带来极致的使用体验。"

山下有松 Songmout 通过小红书洞察到，2023 年以来，社区中兴起一股"逃离天花板"的趋势，许多年轻人喜欢丢掉手机，短暂逃离城市的喧嚣，投入大自然的怀抱中，感受山野自由。他们在公园里享受 20 分钟的宁静，去森林里拥抱一棵大树，在徒步中聆听溪淙虫鸣。年轻人这样的"慢情绪"给了山下有松 Songmout 很大的启发，用户追求的松弛感正好与山下有松 Songmout 品牌"慢

一点"的理念不谋而合。由于旗下包款均价超过千元，山下有松Songmout要跨域的第一座"山"就是消费者对这样一个本土品牌产品价格的质疑，以及建立用户对品牌的认可度与信任度。在产品的推广过程中，山下有松Songmout注重在小红书社区中洞察适合品牌产品的风格场景与趋势场景，比如在用户的通勤场景中，就重点推荐旗下主打大包型的"循迹系列"和"山形系列"，以满足都市女性通勤的需求，讲究实用性；而在流行的Citywalk（城市漫步）趋势下，则重点传播山下有松Songmout的品牌理念，展现品牌的松弛感。山下有松Songmout不仅对年轻人的生活方式进行了细微洞察，还在品牌十周年之际打造了以中原美学为灵感的线下展厅和咖啡厅，并通过聚集着看展爱好者的小红书进行散播，吸引更多志同道合的消费者到店，让产品声量和品牌讨论度飙升，最终其旗下某款包型在电商平台"双11"促销中，取得了水桶包类目销量Top1的好成绩。

在小红书，"美"真正意义上成为一种生产力。这些看似微小的生活美学，让许多企业驶入了通往用户心坎的快车道，越来越多尊重美、能为用户生活增添一丝美与乐的产品，正在小红书流行。

特征四：激发——让分享与互动流通

在传统媒体时代，企业往往容易将营销视作一场"零和博弈"：一方的收益意味着另一方的损失，企业和消费者总是有意无意地处在对立的两端。企业想方设法地从消费者身上攫取注意力、好感度和金钱。在这样的思维导向下，用户往往被视作一个个静止的"猎物"，被各式各样的广告信息"围猎"并"俘获"。

然而,社交媒体的崛起打破了这种不平等的对立局面。渠道的下沉与碎片化,给用户手里递去了麦克风,他们对品牌的意见能够轻易被发表、被听到,并且容易对其他潜在客户产生影响。这些普通用户,以及他们中的意见领袖,取代了广告话术和明星代言人,决定着品牌、产品的口碑和命运。

在新的传播环境下,企业想要使自己的信息得到大量传播,就不能再将用户视作"猎物",而要将他们视作亲密的"队友":给予他们充分的激励,调动他们在整个营销过程中的参与度,并促使他们输出正向评价。相较于其他内容平台,<mark>社区的魔力就在于身处其中的人们拥有强烈的分享欲和互动欲。如果企业能够摸清激发用户分享欲和互动欲的窍门,就更容易让自己的产品乘上流行之风。</mark>

2022年户外运动兴起并出圈,一时间露营、飞盘、骑行、徒步等成为许人追捧的休闲娱乐方式。而分享自己在户外的精彩瞬间和心灵感悟,也成为许多年轻人热衷的社交话题之一。在这样的趋势之下,小红书发起了一个专属于户外爱好者的户外运动节日品牌"外人节",让更多样化的户外活动从小众走向主流。在"外人节"的活动中,可以看到小红书通过深度洞察都市年轻人的心理和情绪塑造出共鸣感,并通过线下活动激发用户参与热情,最后通过用户主动分享的优质内容实现活动的破圈。

"外人"的意思可以理解为"户外人""室外人",他们可能是享受户外生活的人,也可以理解为户外运动达人。"外人节",就是为这些热爱户外活动的人打造的一个尽情体验户外运动的节日。

"来户外，不见外"是这个活动的口号，其背后的洞察是，久居钢筋水泥都市中的人们不得不遵循社会规则的种种束缚，他们的内心早已生出逃离的愿望，而户外正是让人在心理和生理上都能得到放松的理想空间，大自然具有极强的疗愈能力，人们可以在大自然中与自己对话、与他人对话、与天地对话。在这一洞察的基础上，小红书"外人节"接下来要做的就是充分调动核心人群，制造参与感，让用户从被动体验变成主动创作。不仅让用户能在活动中收获乐趣，也让品牌也能加入其中实现与用户的深度沟通。

为此，小红书在线上推出了一个名为"户外上岛行动"的户外项目投票活动。这一投票活动涵盖了15个不同的户外项目以供用户投票选择，最终得票最高的项目将被评选为年度户外最佳项目。

为了支持自己喜爱的户外项目，众多户外爱好者纷纷在小红书上分享他们与户外运动结缘的故事——在广阔的户外世界中，他们收获了爱与快乐、自由与希望。这正是"户外上岛行动"的初衷：通过榜单的形式，推动不同户外运动群体的涌现，在展现户外运动的多样性的同时，也借助户外达人们的故事分享，让人们领略到不同户外运动的独特魅力。

不仅如此，小红书还在惠州三角洲岛举办了一场为期两天一夜的户外运动派对，这是一次极具沉浸感的户外体验。惠州三角洲岛素有"中国马尔代夫"之称，以其"水清、石奇、沙幼"三绝闻名，四季如春，是户外运动的理想之地。岛上的户外运动项目极为丰富，无论是冲浪、海钓，还是徒步、露营，应有尽有。此外，小红书还邀请了10位明星参与活动，包括刘昊然、郭采洁、张震岳、睢晓雯等，参与者可以与他们一起在远离城市的海岛上体验户外乐趣，如与刘昊然一起练习陆冲，和郭采洁一起做落日瑜伽，以及和张震岳一起悠闲地海钓等。明星、KOL和普通参与者共同参与的"户外同岛竞技"，诠释了"来户外，不见外"的理念：在户外，人与人之间没有身份之分，户外项目之间也没有高低之别。置身于广阔的自然世界中，人们在亲近自然和他人的过程中，也在更好地认识自己。

在这次"外人节"期间，小红书还创新性地推出了"十条外人公约"。20世纪60年代，户外运动在美国兴起，大量户外爱好者涌入森林公园露营，对自然和人文资源造成了冲击，因此"无痕山林"的户外运动理念应运而生。"无痕山林"有七大行为准则，其核心理念是：尊重环境。如今，人们的户外活动场所已经扩展到山川湖海、城市内外、大街小巷，"无痕山林"的理念已不能完全适应现代户外运动的需求。

过去，户外运动属于小众活动，爱好者们泡在各自的小圈子中，国内的户外文化尚未形成潮流。但随着越来越多的人参与户外运动，就需要建立统一的认识和守则，培养积极健康的户外运动意识了。

小红书提出的"十条外人公约"，包含三个层面的建议：

与自然相处：敬畏自然；无畏户外。

与他人相处：和而不同；自来熟，不越界。

与自己相处：出来玩，不设限；告别信息焦虑；丢掉偶像包袱等。

这些公约，既表达了户外运动爱好者的共同心声，也揭示了户外运动精神的本质：户外运动精神，就是在户外与自然、与他人、与自己建立积极的联系。为了让"十条外人公约"更具感染力,小红书邀请了 10 位明星参与,以创意十足的方式拍摄了一支有趣、轻松的"户外登岛指南"短片。

在短片中,明星们以户外运动爱好者的身份,呼吁人们以积极的心态享受户外运动带来的快乐。其中有一句文案是"大自然会自动清除一切社交障碍",这句文案揭示了户外运动在年轻群体中迅速流行的根本原因:户外运动是年轻人社交的利器。正是基于对户外运动爱好者群体的真实共情和精准洞察,小红书在户外爱好者中建立了广泛的信任感,并激发他们积极在小红书上分享自己的户外故事。而随着这些内容被越来越多的人看到,越来越多的人开始走向户外体验,并在小红书上分享自己的故事。故事吸引故事,人吸引人,更有力的户外潮流逐渐兴起。

让分享与互动流通,对许多在小红书上从事营销活动的企业而言也非常重要,因为它会带来一种"四两拨千斤"的商业能量。只要找准了激发用户分享的按钮,自发产生的 UGC 就会源源不断地产生,为企业带来额外的关注与收益。在这个过程中,营销活动本身的可看性与话题度、营销活动与产品特色的契合度、博主及 KOL 的"头羊"效应及优质标杆内容的输出都非常重要,为产品的流行产生精准助力。

让分享与互动流通,对许多在小红书上从事营销活动的企业而言至关重要,因为它有一种"四两拨千斤"的商业能量。只要找准了激发用户分享的"按钮",UGC 就会源源不断地自发产生,为企业带来额外的关注与收益。在这个过程中,营销活动本身的可看性与话题度、营销活动与产品特色的契合度、博主及 KOL 的"头羊"效应及优质标杆内容的输出都非常重要。唯有如此，营销所激发的用户分享与互动才是紧紧围绕产品展开的，才能为产品的流行产生精准助力。

特征五：私人——个体的温度更迷人

如果把小红书社区比作一片土壤，那用户们各不相同的个性就是其间生长出来的千姿百态的花朵。只有当不同的声音都能在这里得到回应，再小众的喜好都能在这里找到同好时，社区的生态才能称得上完善。在小红书，只有那些关注到个体真实需求、为个人提供温柔解决方案的企业，才能让自己的产品走进用户内心，获得他们的"投票"。

某艺人在小红书上拥有超过 40 万名粉丝，他的小红书直播间销售量不俗，曾在一场直播中售出超过 1300 万元 GMV 的运动产品。他的小红书直播间没有"三二一上链接"的叫卖，仔细分析他的带货技巧就会发现，当他为用户讲解产品卖点时，往往会细致地介绍许多厂商都没有关注到的产品使用细节，而这些细节往往是个体消费者在使用该款产品时的痛点。

2024 年 3 月，姜思达推出了一场名为"美神超市运动型人修炼场"的直播活动，希望向用户推荐一些"好看又好穿，休闲运动两不误"的户外运动产品。活动中推出的产品线丰富，包括运动鞋、运动服饰、健康食品以及露营装备等，价格区间从百元至千元，汇聚了包括 ASICS 亚瑟士、ARC'TERYX 始祖鸟、HOKA 在内的众多户外爱好者耳熟能详的品牌。

活动当天，超过 68 万个观众涌入姜思达的直播间，仅开播 3 分钟，姜思达就迅速攀升至小红书买手榜榜首。根据官方数据显示,这场直播最终实现了近 1300 万元的 GMV,平均客单价高达 900 元。更值得一提的是,直播中推出的迈乐裸足鞋(Merrell Barefoot Shoes)和亚瑟士 Kahana 系列的多款单品,均取得了百万元级的销售佳绩。

姜思达本身就是一名户外运动爱好者,他尤其热衷越野跑和马拉松,他将跑步描述为"偏在短暂的一生里多走弯路",在他小红书账号中,也经常分享自己跑步和运动的视频。因此,姜思达对运动类产品有着独到的见解,也深知用户的需求所在。

在这场直播的预热阶段,姜思达制作了一系列种草视频,在视频中介绍了此次直播中将会推出的运动户外单品,针对有不同运动需求的用户,他推荐了不同的产品与之匹配。例如,针对需求为日常训练、周末跑的用户,他推荐了适合日常穿着、透气性强的啡速 4 跑鞋;而对于那些想参与跑步比赛的用户,他则推荐入手更专业、性能更强的啡鹏 4 跑鞋。

在直播正式开始后,姜思达在直播中展现了他作为资深户外用品买手的专业素养,特邀同样是资深跑步爱好者的小红书博主宏宏跑步去作为直播搭档,一起细致讲解每一款产品的特点。在介绍一款户外机能直筒裤时,姜思达指出这款裤装的一个优势——其设计很适合城市骑行爱好者,因为在骑行过程中,人们往往难以从常规裤兜中取物,而这款裤子在大腿部位设计了口袋,让骑行的用户能够方便地取物。而当姜思达讲解某款长袖衣物时,对其材质不吝赞扬——美利奴羊毛具有遇热膨胀的特性,这意味着当人因运动而体温升高时,它能够帮助调节体温,避免汗水湿透后背。正是这些看似不起眼却能满足个体需要的专业设计和讲解，展示出品牌方和姜思达的用心，也让直播间的用户纷纷种草。

不仅如此，姜思达在直播中对产品的描述充满独特性和趣味性，比如他会形容防晒衣"是一个可以穿在身上的屋檐"，拒水面料"像荷叶一样，水珠会滑走"，他对产品的深入理解和趣味描述，有效提升了直播的互动性和购物体验。在推荐一款裸足鞋时，姜思达从产品设计的角度出发，阐释了裸足鞋的独特之处："鞋头看上去像是鹅掌，可以还原我们双脚在鞋中自然放松的状态，而外部的橡胶大底则能保证抓地不打滑。"姜思达还向粉丝们分享了自己在西班牙穿着裸足鞋轻松登上湿滑礁石的经历，将产品的优势以生动的故事的形式展现给用户，使得产品卖点更加直观和有说服力。这种真实的体验分享，促成该款单品超过百万元的 GMV。正是由于姜思达对个体需求的细致了解与描述，其选品与种草能力获得了来自销量数据的证实。用户纷纷评论，"才知道日常训练的鞋子要买稍大一码的，而力量训练的鞋子需要正码的""看裸足鞋第一眼有点丑，第二眼好像还行，姜思达介绍后被种草了"。

在营销活动中，企业往往容易忽略消费者作为一个个活生生的个体所具有的复杂人性。在数字化时代，这种个体的多面性尤为突出，因此企业需要将消费者视为具有心智、情感和精神需求的完整个体，从而与之建立更深层次的信任。就如菲利普·科特勒所言："营销人员需要顺应这种趋势，创造像人一样的品牌，可亲的、可爱的，但也是脆弱的。品牌应该不再那么令人生畏，而应该真实、诚信、承认缺点、避免装作完美。人本品牌的核心价值是把客户当作朋友，并旨在成为他们生活方式的一部分。"

如何创造种草力强的内容

第六章

1

在具体的**生活场景**中种草

对饱和流量攻击和套路式叫卖，现在很多消费者已经不买单了。"种草"成为一种更柔软、更有效的营销方式。企业到底应该怎么做，才能在消费者的心智中种下一棵"草"，让他们关注产品并产生购买行为？在具体的生活场景中种草、在人与人的关系中种草、在流行的生活趋势中种草，是小红书为企业提供的一份参考答案。

商品仅置身于冰冷的橱窗中就能吸引消费者注意力的时代，已经一去不复返了。那么，哪里才是商品的最佳种草之地？是充满巧舌如簧的销售员的线下体验店，还是喧嚣热闹的带货直播间？在小红书上，用户千姿百态的生活场景，就像钻石熠熠生辉的不同切面一般，蕴含着产品种草的无限可能。

如何才能让一个墨镜品牌在冬季走红？韩国小众墨镜品牌 Fakeme 在小红书上进行了一场成功的尝试。Fakeme 旗下的墨镜单价近千元，它进入中国市场后，一直存在客单价较高、品牌知名度有限、线上获客成本高、同业竞争激烈等难题。更重要的是，Fakeme 和其他墨镜品牌一样，面临着一个严峻的行业挑战：墨镜行业的淡旺季非常明显，一旦进入秋冬淡季，墨镜对消费者而言就变得可有可无。于是，Fakeme 希望在"人均穿搭高手"的小红书社区寻找新机会。

小红书珠宝配饰行业报告数据显示，2024 年小红书社区与"墨镜"相关的风格关键词搜索呈现出显著的上升趋势。特别是以金属材质、几何元素和低饱和色彩为特点的 #cleanfit 风格，其搜索量环比增长了 118%。同时，采用传统工艺如花丝、缂丝、錾刻、螺钿的 # 新中式配饰，搜索量也环比增长超过 117%。# 格雷系 风格配饰的搜索量增速尤为迅猛，高达 621%，而这种简约的灰色系穿搭非常依赖出彩的配饰来点缀。在搭配 # 格雷系 服装的配饰中，猫眼眼镜 / 墨镜的搜索量同比增长了 400%，增速极为显著。通过这些数据 Fakeme 发现，对小红书用户而言，墨镜和眼镜已经不仅是遮阳工具，还是年轻用户用来点亮日常生活、展现个性的"时尚单品"。

这让 Fakeme 意识到，现代年轻人对于墨镜的使用已经开始超越季节的限制，只要打破使用场景的限制，墨镜就是用户日常穿搭的一个组成部分，可以不只出现在"遮阳"这一场景中。比如，有的用户选择戴墨镜来遮挡自己的"班味儿"①，一些浅色或渐变款式的墨镜就能巧妙地遮挡因为加班产生的黑眼圈，既适合工作环境，又不失时尚感；也有用户为了迎接假期的到来，用一副墨镜来调整

---

① 网络流行词，指因上班带来的疲惫感。

心情。

因此，Fakeme 决定以"时尚配饰"作为核心传播方向，去挖掘用户在不同生活场景中对墨镜产品的不同需求，让墨镜不再是"夏季"专属。Fakeme 首先从春夏季用户数据中洞察市场，小红书数据显示，在 2023 年 2 月至 4 月期间，站内墨镜品类的搜索量环比激增 418%。特别值得注意的是，针对特定痛点的需求如"方圆脸墨镜"的搜索量环比提升了 437%。同时，在一些特定场景下，用户对墨镜的需求也呈现出爆炸性增长，例如，"爬山墨镜"的搜索量暴增了 552%，"音乐节墨镜"的搜索量更是增长了 675%。

这些数据让 Fakeme 更加深刻地认识到，如果仅将墨镜视为传统的功能型遮阳镜，那它们的使用场景就非常有限，主要用于防紫外线，如此一来，消费者拥有一款墨镜就足够了。然而，如果跟随小红书社区的用户需求趋势，将墨镜视为与耳环、项链、戒指一样的日常时尚配饰，用户就会根据不同的生活场景和需求，如音乐节或爬山，选择不同材质、款式、设计风格和配色的墨镜，以匹配他们的整体着装风格。

Fakeme 的下一步，就是挖掘小红书社区中最为流行的时尚穿搭趋势。在小红书平台上，每隔一段时间就会涌现一波新的流行趋势，这些趋势不仅席卷社区，有时还会扩散至整个互联网。比如穿搭领域的多巴胺系、美拉德系、Cleanfit 风、静奢风、新中式风等，Fakeme 结合小红书的数据发现，小红书的用户们非常善于将不同款式的 Fakeme 墨镜与社区的潮流趋势相结合，创造出多样化的"穿搭公式"，比如：

棕色系发色＋纯色长风衣＋Fakeme 墨镜＝时髦老钱风

板栗墨镜，慵懒周末，圆脸天菜必入款

甜酷辣妹感这副眼镜直接拿捏

猫眼眼镜，绝了，元气鬼马少年感

基于对用户需求和社区流行趋势的洞察，Fakeme 构建了一套以墨镜作为时尚配饰的"种草公式"，提炼出了用户在挑选墨镜时的四个关键考量因素：场景、风格、痛点、款式。Fakeme 将这四大类作为纬线，将不同产品作为经线，编织出了一张全面覆盖用户多样化需求的网络。无论是用户追求"辣妹风"还是"复古风"，抑或是为日常工作通勤寻找合适搭配，并希望墨镜适合脸型、显白或显脸小，Fakeme 都能提供精准的匹配。通过这种方式，Fakeme 将不同品类的墨镜精准分类，使其巧妙地融入有各种需求的用户的 OOTD（每日穿搭）中。

有了清晰的种草公式后，Fakeme 接下来要做的就是产出高质量、精细化的笔记内容。Fakeme 的与众不同之处在于，它将笔记内容细致地区分为两大类：一类是旨在影响用户心智的种草型笔记，另一类则是直接促进销售的转化型笔记。基于 Fakeme 对用户选购墨镜时的四大需求的场景、风格、痛点、款式的洞察，种草型笔记主要集中在场景和风格两大类。这类笔记通过强调慵懒感、氛围感、辣妹风、复古风等元素，吸引用户的注意力，并利用点赞、评论等互动数据来验证内容的有效性。而转化型笔记则更多聚焦于痛点和款式两大类。这类笔记以博主佩戴墨镜的特写画面为核心，着重展示产品的样式、材质，以及如何修饰脸型等特点。为了保持用户对产品本身的关注，笔记内容会刻意弱化博主的其他装扮、配饰或背景氛围，以避免评论区出现偏离主题的询问，如索要博主的服饰或家具链接等，确保用户的购买意向能够直接转化为实际的销售。通过精细化的内容策略，Fakeme 不仅成功地在用户心中种下了对品牌和产品的积极印象，也为销售转化打下了坚实的基础。

有了精细化的优质内容，接下来就是如何使这些内容触达精准的用户群体。Fakeme 对种草型笔记和转化型笔记采用了分阶段精准配比的投放策略。第一阶段，Fakeme 启动了"种草赛马"机制，主要目标是识别并吸引核心用户群体。在此阶段，预算主要集中在构建用户心智的种草型笔记上。从 15 篇不同视角的博主笔记中，筛选出用户互动量最高的笔记，由品牌官方账号转发，以此作为转化型笔记的基础。第二阶段，在成功锁定了拍照爱好者、奢侈品鉴赏者和墨镜行业内的种草人群等核心用户后，Fakeme 继续增加高质量的种草型笔记，同时开始提升转化型笔记的比重，以进一步巩固用户心智并促进销售转化。第三阶段，是加强对高转化潜力用户的渗透，提高目标用户群体的参与度和购买转化率，从而实现销售的最大化。

戴着墨镜去爬山、海边度假，或参加音乐节……当用户被某款墨镜产品深深吸引后，他们最期待的莫过于能够迅速下单，然后在出发前兴高采烈地拆封快递。在这一过程中，实现从种草到下单的无缝衔接变得尤为关键。对于 Fakeme 这样的小众品牌而言，打通站内的种草到转化闭环非常重要，这不仅能让品牌实时掌握销量数据，还能通过分析目标人群的行为模式——比如用户将商品加入购物车但未结算——来评估种草内容、商品详情页信息、购买流程的有效性。在具体执行上，Fakeme 在小红书的浏览和搜索两个关键领域同时发力。在浏览领域，通过博主笔记、官方账号笔记与商品笔记的联动，使用户在浏览笔记并被种草后，可以立即通过笔记下方的商品链接完成购买。在搜索领域，Fakeme 通过品牌橱窗、商品搜索卡片、SEM（搜索引擎营销）等多重手段，吸引对内容和产品感兴趣的目标用户，并通过官方直播间、博主直播间、商品笔记等多种渠道，实现即时购买，从而确保用户在种草后能够迅速做出购买行为。通过一系列营销动作，Fakeme 成功推动了其产品销量的增长，销售额实现了从百万元级到千万元级的飞跃，即便在秋冬淡季，即便在秋冬淡季，Fakeme 的销售业绩也实现了增长。

2

在**人与人的关系**中种草

日本学者山崎正和曾在其著作《柔质个人主义的诞生：消费社会的美学》中提出一个观点，他认为"消费最终的、成熟的形态，是一个将消耗（Consumption）转化为自我充实（Consummatory）的过程"。

如今，消费模式正在经历显著的转变，消费者，尤其是年轻消费者的消费方式正在从单纯追求物质数量和等级的效率型消费（传统的"多多益善"观念下的消费），逐渐过渡到一种更为深刻和丰富的发展型消费，甚至享受型消费。效率型消费是满足基本生活需求的消费；发展型消费强调时间的充实和个人生活的丰富，注重个人成长和自我完善；而享受型消费则侧重于为个人带来即时快乐和满足感。后两种消费方式的兴起，对企业营销而言是重要的"风向标"。对小红书社区中的年轻用户而言，人与人的关系、人与物的关系都正在发生着剧烈的变化。

"市集"是一个古老的商业形态，是一个可供人们快速完成交易的地方。在市集中，买卖双方通常主要关注产品价格等实际利益，并进行讨价还价，这种传统的交易方式虽然高效，但似乎缺少了一丝温暖和人情味。基于对这一现象的洞察，小红书曾经推出过一场线上线下整合营销活动"夏日市集"，将"情感"置于交易的核心位置，提出"一手交情，一手交货"的活动主题，旨在让每一次交易都变得更加温馨和人性化。通过这种方式，小红书期待为用户带来层次更加丰富的购物体验，让市集不仅仅是交易的场所，更是社交和情感交流的地方，在社区中重构人与人、人与物的关系。

　　在线上，小红书推出了 5 支趣味 TVC，通过短视频的形式向大家诠释社区中"一手交情、一手交货"的独特交易关系。在其中的《神奇邻居篇》中，街坊们发现 101 室总是在夜里亮着玫红色的诡异光线，前去探究的人却久久不回，最后大家才发现原来神秘的 101 室是一个售卖潮流植物的小店，因为许多植物在夜里需要补光，才有了开头的诡异光线。这支片子展现出小红书社区里有着许多独特、小众的神奇小店，它们对新人也很友好，新人即使不懂，也可以快乐地看看热闹。而在《讨价还价篇》中，一位追求潮流的时尚爱好者与一位穿着复古的店主，通过键盘和吉他进行了一场别开生面的"讨价还价"。尽管他们之间没有直接对话，但音乐的旋律已经传达了他们的意思，体现出圈层同好之间的心有灵犀。通过这些视频小红书想传递一个信号，社区不仅是消费者聚集的地方，也是各种圈层爱好者、专业人士交流的地方。通过这种方式，这里不仅是一个购物平台，兴趣相投的人们也能在这里收获更丰富的消费体验。

　　除了线上的趣味 TVC，小红书还在线下发起了丰富的体验活动，巧用谐音梗发售了四款创意周边，每一款都体现出不同城市的特色。比如在广州，就选择了广州人最爱的单品——人字拖，并将其命名为"洒拖"；在成都，则选择了在喝盖碗茶时手里摇晃的纳凉神器"友扇"蒲扇；在海南万宁，在阳光、沙滩、椰林中最受欢迎的运动之一就是飞盘，于是小红书发售了一款"起飞了椰"飞盘；而在杭州，则发售了一款游览西湖必备的"一拍即荷"环保袋……此外，还有多个快闪活动，比如在成都观音阁的百年茶馆中，拼桌成功赠送点心；在杭州灯芯巷，布置了8平方米市集刺激用户前来闲逛与交流；在广州东山口打造复古风市集，设置"时尚轮回箱"方便年轻人互换旧物。

通过夏日市集，可以看出小红书对待商业的态度——不希望变成一个冷冰冰的交易场，而是希望能为用户提供更加个性化、更有人情味的消费体验。如今，批量化生产、毫无个性的商品已经很难再打动Z世代的消费者，他们往往追求更独特、更富情绪价值的消费体验，商品在某种程度上已经成为承载年轻人个性与情绪、表达他们态度、实现与他人彼此认同的载体。

小红书曾经打造过一个"人生五味便利店"，通过对人与人关系以及个体情绪的细致洞察，帮助五款食品饮料产品在站内和全网获得了巨大的声量，并且助力这五款产品实现了销量飘红。在项目启动之初，小红书找到了两个极为关键的用户洞察，这些洞察直接影响并塑造了后续"人生五味便利店"的营销策略和执行实施方向。

第一个洞察是，当前小红书用户对零食的需求已经越来越多元化，通过分析小红书上的大量笔记可以看出，当代年轻用户对零食的期待已经远远超越了单纯的口味享受，零食不仅仅是美味的食物，它们还承载着丰富的情绪价值。具体来看，这些情绪价值可以归纳为四种主要类型：

- 自我奖励：小红书社区中有近 40 万篇笔记讨论了把零食（如巧克力或甜食）作为一种自我奖励的方式，零食也常被用户用来提升自己的生活仪式感。

- 消除孤独："一人食"相关内容在小红书上很常见，且增速迅猛。对于单身青年而言，食物和零食是他们生活中不可或缺的慰藉与陪伴。

- 提升幸福感：用户在提及零食时，常常将其与幸福感相关联，零食能够带给人们情绪的提振。

- 社交分享：零食也是年轻人社交活动中的重要元素，无论是与朋友、同事还是其他社交对象分享，都能带来欢乐时光，比如在办公室与同事分享零食能为职场生活带来愉快体验。

通过小红书平台的数据，可以清晰地看到零食与年轻人情绪之间的紧密联系。这些洞察对于构思和推出"人生五味便利店"这一主题活动起到了至关重要的作用。因此，"人生五味便利店"的"五味"有一语双关之意，它不仅代表着人最常见的五种情绪，也代表着五种常见的食物滋味：酸、甜、苦、辣、香。情绪和美食在这里相互交融，在年轻人心中起到了一加一大于二的效果。

第二个洞察来自线下便利店。继洞察到零食所承载的用户情绪价值后，小红书进一步发现便利店这一线下空间，也能为消费者提供情绪价值。小红书站内数据显示，2021 年便利店相关内容的发布量呈现出显著增长趋势，最高增幅达到了188%，这一快速增长表明便利店相关话题在用户中引起了广泛关注。深入分析这些笔记可以发现，用户在便利店拍照成为一种流行趋势，甚至出现了"便利店调酒"这样的热门趋势，即用户在便利店购买饮料和酒，自行调配饮品。这一趋势揭示了便利店作为线下消费场景，在线上同样具有高话题性和内容创造力，为O2O（Online to Offline，线上到线下）的有趣玩法提供了可能性。用户对便利店的关注不仅限于以上趋势，小红书上有大量的零食挑选攻略，显示出用户也非常关心如何在便利店挑选到心仪的零食。

通过小红书上的丰富内容可以看出，便利店的意义已经超越了单纯的线下消费场所，成为都市年轻人的"情绪补给站"。就像中年人回家前在车里享受一根烟的独处时光，年轻人会在加班后的凌晨去便利店购买零食或享用一碗关东煮，便利店成为他们自我疗愈的空间。而《中国便利店发展报告》数据显示，30岁以下的年轻女性已经成为便利店消费的主力军，在大城市CBD工作的年轻白领，在用餐时间或下午茶小憩时间去便利店逛一逛已经成为一种生活习惯。因此，便利店也成为许多消费品牌争夺"最后一公里"的关键渠道。小红书数据显示，活跃在小红书社区中的年轻人与光顾便利店的年轻人群体高度重合。小红书上关于便利店的笔记超过39万篇，内容从"便利店调酒"到"便利店快乐冰"，年轻人不仅将便利店视为城市生活的情绪补给站，而且在这里发现了许多新奇有趣的生活方式。因此，小红书与线下便利店的联动营销变得越来越合乎逻辑，为品牌提供了一个与年轻消费者建立深层次情感联系的好机会。

在"人生五味便利店"项目中，小红书联合了罗森、唐久、苏果等七大便利店品牌旗下超过 4800 家门店共同打造了"人生五味便利店"线下空间，有五个品牌参与了这场营销，它们是趣多多、伊然、永璞咖啡、百草味和筷手小厨。每个品牌都从自己的产品线中挑选了一款对应酸、甜、苦、辣、香某一种味道的产品，将其放置于线下便利店内的主题货架上。例如，百草味的无骨凤爪，其鲜明的酸味非常符合主题；"甜"由趣多多的爆逗曲奇代表；"苦"由新兴消费品牌永璞咖啡"认领"；"辣"由筷手小厨的辣味干拌面来体现；至于"香"，则由伊利旗下伊然乳茶担当。这五种产品不仅主打的风味与人生五味相契合，而且所承载的情感价值也与品牌希望强调的产品卖点高度一致，这种巧妙的结合，在品牌与用户之间建立了深刻的情感联系。

基于五款产品与人生五味之间的联系，可以创造出许多有趣且能触动用户情感的内容。

围绕美食的五种基本味道——甜、香、苦、辣、酸，小红书在线上推出一支以"人生五味"为主题的创意短片。以趣多多的"甜"为例，短片讲述了一位职场女性的故事。她在工作中是雷厉风行的女超人，但在走进便利店的那一刻，她脱下了"盔甲"变得温柔起来，为自己在忙碌的生活中挑选一份甜蜜的慰藉。创作者通过对现代社会中忙碌职场人的洞察，在短片中呈现了一位都市女性在便利店被"甜"治愈的瞬间，触动了许多用户的心弦。同时，短片也巧妙地介绍了趣多多的新款产品"爆逗曲奇"。在趣多多的品牌理念中，零食的功能不仅仅是满足味蕾，也具有打破日常生活中"emo[①]时刻"

[①] 网络流行词，指情绪低落。

的力量。便利店成了都市打工人重要的"情绪补给站"。便利店里的零食，不仅满足了消费者的口腹之欲，更为他们的情绪提供了一个释放的出口——通过零食给自己加油鼓劲。

再以永璞咖啡的"苦"为例，在短片中，"苦"被塑造成一种成人礼。咖啡，对许多人来说是一种成长的象征，是成熟后才能品味出的味觉美感。在咖啡成为都市青年生活中不可或缺的一部分后，它的功能已经超越了提供单纯的味觉体验，更承载了很多情感和情绪。永璞咖啡希望不仅仅是销售产品，而是营造一种有温度的生活方式，为消费者带来情感上的共鸣。而永璞咖啡的便捷式"一撕一拉"设计，可以帮助奋斗中的年轻人实现精品咖啡的自由享受。

短片将五个产品的味觉与人生的五种情感味道建立了逻辑上的联系，引发了用户的共鸣，拉近了与用户的关系。而在线下便利店门店中也同样延续了这一沟通方式，在线下门店中使用的包店物料也从人生五味出发，延伸出用户的生活场景和情感体验。这些物料中包含了一些触动人心的金句文案，这些文案都从人与人的关系出发，去诠释人生五味的含义，如"伸手要的糖和主动给的糖，味道是不一样的""去见你的路上，连风都是香的""全世界都在说自己辛苦，却依然有人在埋头刻苦""生活没在怕，就要这样辣"，以及"酸有好几种，柠檬和醋，还有 99 次看见你和他在互动"。通过对人与人之间细腻情感的挖掘，线下便利店的物料很容易引起用户的共鸣，激发他们在线下打卡和线上分享，从而扩大整个项目的影响力。

不仅如此，小红书还在站内打造了一个虚拟的线上便利店，复刻了线下"人生五味"主题货架，发起线上招募活动，邀请用户成为"人生五味品鉴官"，参与者有机会申领包含五个品牌五款产品的五味大礼包。无论是拥有百万粉丝的知名博主，还是新兴的美食博主，都有机会成为人生五味品鉴官，他们可以制作五味大礼包的开箱视频和体验分享，为线上主题活动及品牌产品营造声势。线上的"人生五味"虚拟货架得到了用户的积极响应，博主们分享的内容也成功引发了良好的口碑效应，进一步增强了活动的吸引力和影响力。

"人生五味便利店"取得了显著的营销效果，全国共有4800多家"人生五味便利店"亮相，线上线下的总曝光量超过2.4亿次。然而，更引人注目的是品牌产品在终端销售上的显著提升，全国主题货架的平均销量获得增长。对于许多新消费品牌而言，它们通常缺乏线下终端销售的能力，难以进入像罗森这样的便利店，但通过这次营销活动，一些新兴品牌如永璞咖啡，不仅能够在线下门店中提升品牌曝光度，还实现了产品的实际销量提升。

通过"人生五味便利店"的案例不难看出，对用户情绪、人与人关系的细微洞察，可以为企业生意带来极大的助力。在小红书社区中，用户与用户的关系网络原本就比其他平台更加复杂和有深度，这也是形成种草口碑效应的原动力，产品想要在这样一个社区中成为流行，在人与人的关系中种草就成为一项有效的选择。

3

在流行的**生活趋势**中种草

对于企业营销而言,把握消费趋势是至关重要的,"趋势"的本质,就是消费者在给企业"透题",让企业能够提前洞察用户需求和市场机会。某种生活方式、消费行为之所以会出现并逐渐成为流行,根本原因在于它们的背后潜藏着用户的真实需求,正是这种需求推动着一股潮流从小众走向大众,最终形成具有影响力的趋势。

一股潮流从小众走向大众、再到成为主流趋势的过程中,会产生巨大的市场红利。如果一款产品能够搭上这趟趋势的"快车",就能以较低的成本获得更确定、更丰厚的回报。反之,如果企业忽视了趋势的重要性,只懂跟风,等到市场已经饱和、竞争变得激烈时再进入,往往就已经错失了先机,这时候,即便企业再投入相同量级的营销资源,其投资回报率也会大幅降低。因此,洞察并利用趋势,对于品牌来说是一种至关重要的竞争优势。

小红书就是一个能够源源不断涌现出新鲜趋势的社区。前文提过的一个护肤趋势"早 C 晚 A"，曾在小红书用户中被广泛讨论。小红书官方发现这个现象之后，便凭借社区氛围让大量用户关注、讨论，帮助这个趋势逐渐形成势头，同时也将这一洞察分享给品牌，让它们可以创造优质的 UGC 去完善"早 C 晚 A"词条内容的丰富度，增加讨论量。可以想象，当"早 C 晚 A"这一趋势尚在生长过程中时，企业想要投放这一词条所花的成本是较低的，但当"早 C 晚 A"已经成为一个大众流行趋势时，词条价格也水涨船高了，企业如今想乘上这一趋势，就不得不付出更高的成本。

露营也是一个最初从小红书社区生长，随后火遍全网的生活趋势。2021 年，露营为渴望远方的都市中人提供了一个"折中方案"，让人们既能享受山野带来的放松，又不用大费周章离开城市太远。在 2021 年上半年，小红书社区中关于"露营"的搜索比 2020 年下半年上涨了 160%，其中露营相关的热门生活方式如"后备箱露营""精致露营""公园露营"等纷纷从小红书席卷全网，让露营从一项小众户外休闲活动变成了一股户外热潮。有一个品牌，在露营还没有成为全网趋势之前，就抢先一步占住了先机，这个品牌就是中国智能手机品牌 vivo。

当时，vivo 推出了新的手机机型系列——旗舰机型 X70 系列，而手机赛道早已是一片红海，竞争异常激烈，vivo 急需找到一条破局之路。洞察到小红书社区中露营相关内容快速升温的趋势后，vivo 瞄准了一个全新的产品营销场景——户外运动场景。因为在露营等户外活动中，用户往往有较强的社交需求，并且在露营场景中，用户普遍具有"出片"的需求，也就是通过拍摄高质量的照片、视频，将当时的愉快瞬间定格记录下来，而这一需求，正好可以由主打"影像升级"的 vivo X70 旗舰机型来满足。基于这个洞察，vivo 让新机的上市时间踩上秋季的户外露营风潮，并且将新机的宣传方向定位为"为露营而生"。并且在小红书社区发起了一个主题为"48 小时周末重启计划"的营销活动。

在"48 小时周末重启计划"活动中，vivo 邀请了一批小红书博主进行新机体验，并使用 X70 系列拍摄露营主题视频，记录露营的美好瞬间。博主在露营场景中极具感染力的唯美图片、视频，有效拉升了用户对活动的好奇心和参与度，并让活动在社区内形成讨论。在小红书博主的视频中，也巧妙展示了 X70 系搭载的三颗蔡司镜头，展现出该机型在广角全景展示、特写细节呈现、景深处理等方面的专业性能；微云台和自研影像芯片的加持，让新机在色彩处理、人像柔焦、夜景拍摄等方面也有不错的表现，而这些产品优势都清晰地体现在 vivo 官方输出的一支关于露营的 TVC 中，让用户逐步建立起"露营必拍照，用 X70 系列必出片"的认知。不仅如此，露营主题还让 vivo 完成了一次成功的品牌跨界营销，借势"48 小时周末重启计划"，vivo 与宝马、奔驰、Jeep、蔚来等高端汽车品牌进行联动，将拍照手机与驱车自驾联系起来，跨圈层引发更多用户讨论，让高端汽车品牌的忠实用户对 vivo 产生认知、形成好感，为汽车品牌用户向新款机型用户的转化埋下动机。

洞察趋势、借势趋势、定义产品、产出内容、触达用户……通过一系列营销活动，vivo 获得了 Q3 季度国内出货量第一的成绩，除了销量上的成功，vivo 品牌"人文之悦"的价值主张，也在露营场景中找到了具象化的体现。在露营中，X70 系列与自然、自在的生活方式场景产生契合，与"向往远方、发现生活之美"的流行趋势产生了强关联，"人文之悦"由此得以体现。

在小红书上，那些拥有敏锐嗅觉，能准确辨别并抓住社区趋势的品牌，往往能为自己的生意按下"加速键"。云南老字号牛奶品牌乍甸乳业就通过小红书社区的乳饮趋势，促进了销量增长，并收获了高 ROI（投入产出比）。

在小红书社区中，深受用户欢迎的不只是头部乳饮品牌，一些小众乳制饮品也因能更好地满足用户多元化的口味需求，收获了自己的忠实粉丝。小红书与益普索联合发布的《小红书食品饮料行业报告》中指出，在食品饮料领域，尤其是乳制品类，新一代用户非常关注产品品质，他们变身为"食物八倍镜观察员"，能像品鉴香水一样细致地分辨出牛奶的"前中后调"。并且，小红书上的年轻用户们不仅追求食饮产品的味道和口感，也期待它们能带来情绪上的满足和文化归属感。许多年轻用户对传统老字号品牌或者那些带有"小时候味道"的产品有着深厚的情感共鸣。小红书社区数据显示，与"童年零食"相关的内容阅读量在 2023 年 5 月至 11 月同比增长了 144%。截至 2024 年 3 月，社区话题 # 老字号 的阅读量达 1.8 亿，而 # 家乡的味道 的阅读量高达 5.1 亿。

这些数据反映出新一代用户对食品饮料的选择不仅基于产品本身的品质，更包含了对情感价值和文化意义的追求。对于一些小众的乳饮品牌而言，这提供了一个宝贵的市场机会。云南老字号品牌乍甸乳业诞生于 1954 年，但它一直面临着品牌影响力无法跨越云南的窘境，加之在乳制品行业中，头部品牌的市场占有率极高，乍甸乳业想实现生意的突破，就必须在巨头云集的行业中另辟蹊径找到突破之路。为此，乍甸乳业想从小红书社区的用户趋势中寻找破局点。

乍甸牛奶过去曾是云南省红河州哈尼族自治州学生奶的指定奶源，在当地有近 90% 的孩子喝着乍甸牛奶长大，在一些用户的回忆中，最初乍甸牛奶的"取奶站"在单车棚里。乍甸牛奶陪伴着这些当地孩子长大，当他们奔赴全国甚至全世界后，记忆中仍有乍甸牛奶的身影。他们是对品牌记忆和情感最深的人群，他们也成为最容易被重新种草且能形成口碑效应的人群。乍甸乳业自身的销售数据也显示出，其牛奶的主力购买人群分布在云南昆明以及周边地区，忠实用户的年龄段集中在 19～35 岁，与"从小喝到大"的当地人群十分契合。而小红书数据显示，乍甸牛奶的这批核心用户更爱喝国产饮品，他们中的大多数都是"国货控"，在他们的关键词中，诸如"情怀""国潮""本土"等信息格外突出。这些关键词信息给了乍甸乳业很大的启发，这些喝乍甸牛奶长大的云南"90 后"人群，正是能帮品牌按下"口碑扩散键"的核心人群。

找准了核心人群后，乍甸乳业开启了产品的层层扩圈之旅，从最初的 20 万核心人群逐步扩大至 600 万目标人群，实现了重要的突破。首先，在和核心人群即云南本地年轻人的沟通中，乍甸乳业主要通过唤起用户的童年记忆和情感，把他们对家乡的热爱与乍甸牛奶关联起来。此外，乍甸乳业还发现，在产品的核心用户群体中，许多人的身份已经变成了"宝妈"，这一人群非常关注奶饮品的品质，因此乍甸乳业将她们锁定为产品的高潜人群，在沟通中重点强调乍甸牛奶的品质。在进一步分析了"宝妈"人群的消费偏好后，乍甸乳业发现这个群体也关注养生和健康相关的话题，喜欢购买有抗糖、胶原蛋白补剂、养气血等方面功效的产品，因此乍甸乳业找到了更广泛的目标人群"轻养生人群",在种草内容上强调低脂、低糖、0添加等产品卖点。通过目标人群的扩圈,乍甸乳业拥有了800万认知用户,用户的地域也从云南扩展到广东省的城市,并且吸引了大量19~22岁的女大学生群体,成功扩大了品牌的市场影响力。

在针对目标人群的推广中,乍甸乳业的选品策略也值得一提,它乘上了小红书社区中"小众奶"的流行趋势,选出了品牌旗下最具破圈潜力的产品。在乳饮品行业,通常市场占有率极高的企业旗下最强势的产品是常温奶,因为它们能更好地实现长距离运输,而在常温奶无法触及的地方,则是"低温奶"的天下,它们的保质期较短,对供应链要求太高,因此往往只能辐射近距离的范围。而在小红书社区中,"小众奶"因为能满足用户的多元口味需求,正在成为一股新兴的流行趋势。社区中关于"小众奶"的种草测评笔记超过十万篇,很多小红书美食博主会不定期测评各种"小众奶",获得大量用户的关注与评论。结合这些洞察,乍甸乳业选择了旗下低温鲜奶和低温酸奶作为主推产品,希望一举获得小红书社区中热爱"小众奶"的消费人群的青睐。

在具体的种草方法上,乍甸乳业在种草内容上也契合了小红书社区趋势,创作出了引发用户共鸣的内容。小红书官方数据显示,社区用户中有超过40%的用户高度认同自己当地限定的美食,他们喜欢浏览风味小城、地域美食相关的话题,不仅如此,地域美食还成了社区用户之间互动的一座"桥梁"——他们互相交换当地的特色美食,热衷于以"食"会友。基于这一洞察,乍甸乳业开设了一系列矩阵账号,分享多元化内容,如云南当地美食、小众探店、宝妈、健身等,收获了许多年轻用户的关注和好评。不仅如此,乍甸乳业还洞察到小红书上的年轻用户热衷于各种饮品的 DIY，# 自制神仙饮品 话题在小红书拥有 69.1 亿阅读量，许多"神仙饮品""神仙喝法"获得年轻人追捧，成为他们获取社交认同、治愈自我的独特方式。因此，乍甸乳业也结合这一社区用户趋势，推出乍甸牛奶 DIY 合辑，比如用乍甸牛奶制作奶白酒、炸牛奶、南瓜烤奶等美食，并且鼓励用户分享自己的作品，在官方的带领下生产出更多原创 UGC。通过输出优质的商品种草笔记，加上官方店铺直播，乍甸乳业在小红书上获得了更多年轻用户的关注。在乍甸乳业的种草案例中，无论是在核心人群的锚定还是选品策略和沟通策略上，品牌每一步都对小红书社区趋势进行了深入洞察和借势，乘上了趋势的"东风"后，种草之旅也随之变得更加顺滑。

种草灵感四

寻找正确的营销策略

种草密码

许多时候，企业认为的产品价值与真实的用户需求之间，横亘着巨大的鸿沟。"奶昔错误"（Milkshake Mistakes）就是一个典型案例。美国连锁餐厅品牌麦当劳曾经面临一个营销课题：提升旗下奶昔产品的销量。和许多大型企业一样，麦当劳拥有一套详尽的顾客研究方法，他们邀请其奶昔的消费者填写调研问卷，问卷中包含以下核心问题："我们如何改进奶昔，您才愿意购买更多？""您是否希望奶昔更便宜？""您是否希望吃到巧克力风味的奶昔？""您喜欢奶昔更稠、更甜还是更凉？"等。基于调研问卷的反馈，麦当劳对旗下的奶昔产品进行了诸多改进，然而，令人困惑的是，尽管麦当劳努力提升了产品质量，但奶昔的销售额和利润并没有随之增长。

　　麦当劳调研问卷的核心问题都围绕着产品而展开，几乎所有研究员关注的重点都是产品本身。然而，一位名为杰拉德·博斯特尔（Gerald Berstell）的研究员却决定改变思路，针对顾客展开研究。他每天花 18 小时坐在麦当劳的门店里，观察都是什么样的顾客在什么时间前来购买奶昔，不久后他发现，大部分顾客都会在早上购买奶昔，虽然早上 8 点并不是一个适合喝奶昔的时间。杰拉德·博斯特尔还发现，购买奶昔的顾客通常独自一人前来，并且除购买奶昔之外他们几乎不购买其他任何食物，他们也从不在店里坐下来喝奶昔，通常都会选择外带。

　　显然，这些顾客都是上班族，他们通常会在驾车通勤的途中把奶昔当作早餐。这些行为并不隐蔽，却被大部分研究员忽视掉了，因为它们不符合人们对于奶昔和早餐的常规认知。杰拉德·博斯特尔开始进一步思考，为什么顾客会在早上 8 点钟购买奶昔？

试想一下，当你在开车的过程中想要填补腹中饥饿时，你最好的选择是一些用一只手就能方便取食的食物。因此，这种食物不能太烫，不能四处飞溅，最好也不要太油腻，它得可口，而且最好需要花一些时间才能吃完，以填满驾车通勤的无聊时光。根据上述需求来看，当时没有一种早餐能满足人们的需求，因此许多顾客选择购买奶昔作为早餐，不再选择传统的早餐品类。他们更愿意在驾车途中吸食奶昔，使用细小的吸管以便慢慢享受奶昔，不仅能消磨时间，还能抵御早晨的饥饿感，而对于奶昔的具体成分，大多数顾客其实并不特别关心。

因此，麦当劳也找到了改进奶昔的关键，那就是帮顾客更好地度过他们无聊的通勤时间。解决方案也呼之欲出，他们让奶昔更浓稠，以延长吸食时间；在奶昔中添加一些果肉，这并不是为了增加健康度，而是为顾客的单调旅程增添一些咀嚼的小惊喜，这些策略最终帮助麦当劳显著提升了奶昔的销量。

在杰拉德·博斯特尔之前，其他研究人员都犯了两种错误——"奶昔错误"。第一种错误是，他们的关注点全部放到了产品身上，关注产品具有哪些属性、优势，却忽视了这些属性和优势对顾客而言有什么价值，也就是说他们完全忽视了为什么顾客要购买奶昔，他们的目的是什么。第二种错误是，他们对早餐的认知过于刻板和狭隘，认为顾客对早餐的需求是一成不变的，而没有关注到在一些新的场景中，顾客对早餐的诉求已经发生了改变。博斯特尔和他的同事们在《哈佛商业评论》上发表了一篇名为《为你的产品找到正确的角色》（*Finding the Right Job for Your Product*）的文章，指出应该停止孤立地观察产品，并放弃对早餐的传统理解，才能理解事情的关键所在。

如今，在企业研发、推广产品的过程中，"奶昔错误"或许依然是一种常见的谬误。它让许多企业和产品经理心怀委屈，为什么自己苦心研发和推广的产品，却并不能获得用户的青睐？尤其在消费者需求日益多元化、细分化的今天，"洞察用户"更成为企业产品成为流行的第一步。如菲利普·科特勒所言："如何把客户对你产品和服务的期待与你为他们提供的产品和价值相匹配，这是一个非常好的营销策略的关键。"所谓营销性思维，就是从用户出发的思维。在产品研发的过程中就要想清楚，产品究竟卖给哪个细分人群，这个细分人群中存在哪些尚未被满足或者尚未被激发的痛点，应该采取什么样的营销手段，让产品成为这个人群的首选。只有先想清楚产品到底卖给谁，这些人有什么独特的需求未被满足，再启动研发，才能事半功倍。

第七章

如何从用户中找到产品推广灵感

1

深度**洞察**用户痛点

母婴用品一直是一个竞争激烈的赛道,如今的年轻人为人父母后,更加崇尚"精致育儿"的理念。在小红书上,母婴类产品也呈现出许多新的趋势,比如护臀膏已经从"宝宝通用"进阶到"女宝宝和男宝宝专用",母婴食品从传统的"营养汤"变成了"X月龄宝宝辅食";纸尿裤也从"一裤走天下"衍生出"夜间/游泳/训练专用"等多场景需求……年轻父母人群的育儿需求正在变得日益精细化,对产品的要求也水涨船高。

兔头妈妈是一个年轻的中国母婴品牌,旗下儿童面霜产品因其可爱的兔头设计和马卡龙色系,极具辨识度。然而,婴童面霜赛道早已是竞争激烈的红海赛道,兔头妈妈想要实现生意销量和品牌声量的大幅度提升,并非易事。在产品策略上,兔头妈妈主打"分龄护肤",也就是为不同年龄阶段的婴幼儿提供不同的产品选择,因为不同年龄的孩子,皮肤的pH值、角质层厚度各不相同。并且不同年龄段的孩子,活动半径、活动场景也不一样,比如婴儿多在家活动,但是随着年龄增长,孩子会到学校、户外等环境中去。"分龄护肤"就是从目标用户的年龄、活动范围、活动半径等维度去设计不同的产品。

在营销推广上,兔头妈妈需要让更多家长人群意识到"分龄护肤"的必要性,因为如今许多家长已经在饮食方面做到了分龄喂养,但在孩子的皮肤护理方面,还没有分龄的意识。虽然成年人在挑选护肤产品时,已经具备了根据不同肤质挑选护肤品的习惯,但在儿童护肤领域则需要更多的市场教育。兔头妈妈在产品的研发期,会在小红书上聆听家长人群的真实需求,比如在社区"宝宝面霜"的话题下,发现有妈妈提出了这样的疑问:"用完宝宝面霜后,宝宝的脸怎么越来越黑了?""宝宝黑脸"是让许多家长困惑的一个问题。

兔头妈妈敏锐地捕捉到这一用户痛点,通过研究发现"宝宝黑脸"是由于面霜中的油脂成分容易氧化,停留在婴儿皮肤表面很难被吸收,涂多了就会使婴儿肤色暗沉。为此,兔头妈妈进行了持续的产品研发和迭代,找到了更好的婴童面霜配方体系,通过严格控制面霜中的油脂比例,解决了婴童面霜产品常见的油脂氧化问题。

完成产品升级迭代后,下一步就是精准、高效地与目标人群沟通。兔头妈妈通过小红书站内婴童面霜搜索趋势发现,"分龄""成分""功效"都是年轻父母们关注的产品关键词,于是其种草笔记就从成分解读、护肤科普、肌肤问题等多角度,回应用户痛点。经过系列推广,兔头妈妈品牌在小红书站内搜索量快速上涨,在站外电商平台的搜索量也大幅提升,兔头妈妈还树立了"不黑脸的宝宝面霜"这一形象,这成为其产品在小红书的代名词。不仅如此,兔头妈妈还在小红书发现了"婴童产品成人用"的护肤新趋势,找到了人群破圈契机,借势推广旗下面霜成分温和有效的卖点,也成功圈粉了大批小红书上的"敏感肌"年轻用户。

2

与用户共创**营销灵感**

对于年轻的品牌而言,当下的营销环境并不友好。随着线上流量成本日益高昂,尤其在"618""双11"等大促节点,流量成本已经基本处于大部分品牌都无力负担的高位,中国彩妆品牌花知晓就面临着这样的挑战。彩妆品类在美妆行业中属于具备"快时尚"属性的赛道,用户呈现出逐新的倾向,对某一产品的忠诚度较为有限,希望不断尝试新产品。在日益高涨的线上流量成本和用户日益加速的需求迭代的"双重夹击"下,花知晓逐渐摸索出一条生存之路——通过高频次的产品上新,制造节奏可控的自创营销节点,从而带动用户购买。

"花知晓目前已经不再选择依赖大型促销节点来吸引消费者,而是完全依靠新品的高频、持续推出,来维持用户的关注度与新鲜感。只要推出的新品足够有吸引力和冲击力,用户就愿意跟随花知晓的营销节奏,而不是去等待特定的大促时段。这种策略让花知晓能够更有效地控制利润和毛利,因为一旦花知晓参与电商平台的大型促销活动,就必须面临与头部品牌竞争有限流量资源的局面,而目前大促期间的流量成本已经高到难以承受。通过新的策略,花知晓在某种程度上就像是在创造属于品牌自己的"营销节日",并且选择在流量成本较低的时段进行新品推广。

如此高频上新的营销策略,离不开对用户需求精准且灵敏的洞察,对花知晓而言,小红书是它收集用户需求、实现用户互动与种草的平台。花知晓在营销策略上非常注重与用户的共创,尤其擅长激励用户参与共创。对于花知晓的创始人而言,每次将新产品呈现给消费者时他都充满期待与不安,仿佛这是一场紧张的"考试"。花知晓认为彩妆行业是一个用户非常追求新鲜感且快速变化的行业,这意味着品牌想要吸引彩妆用户的注意,就要产出更富创新性和传播性的爆款产品。

鉴于花知晓的营销策略是不断推出新产品,用新的产品和故事为消费者带来持续的新鲜体验,因此"上新"就成为一个非常重要的事项。花知晓有意识地将上新打造成用户的一次盛会。花知晓期待自己的产品上新不仅是一个事件,更是一个对用户而言充满仪式感的时刻,就像追剧或追番一样,能够激发用户对每一次上新的期待,用户不一定每次都会购买,但他们的关注、讨论和评价对品牌来说同样十分宝贵,因为花知晓发现,新系列首次亮相时,消费者的好奇心和参与度最为高涨,因此在产品上新时实施营销活动,也是在为自己造势。

花知晓的团队对小红书有着深刻的理解,其创始人曾坦言花知晓的许多产品色号灵感就来源于小红书用户分享的笔记和图片,他们会根据小红书博主的试色图片来调整产品,并确保颜色的准确性。事实证明,花知晓推出的新产品,如"腮蓝腮紫"和"马戏团系列",

都在小红书上引起了热烈的用户讨论,其旗下的独角兽系列,在短短七天内就在小红书上产生了1万多篇UGC。

花知晓马戏团系列产品(图片来源于花知晓小红书官方账号)

花知晓在小红书上的上新产品"派对"有三个值得借鉴的鲜明特点。第一个特点是 丰富的故事性,花知晓的每个产品系列几乎都会围绕一个引人入胜的故事主题展开,如独角兽系列、洛可可系列、人鱼系列等,这些故事不仅可以增强系列产品的吸引力,还能创造期待感,激发用户深入了解产品、传播产品。第二个特点是 产品上新节奏紧凑,花知晓保持着快节奏的上新,每年大约进行五至六次产品上新,并且每次上新都会推出100多个SKU(Stock Keeping Unit,最小货存单位),每一次上新都伴随着精心策划的推广活动,确保新品能够迅速吸引消费者的注意。第三个特点是 系列性的上新策略,花知晓倾向于一次性推出多个SKU,形成系列上新,而不是单独推出某个产品,每次上新通常会涵盖眼影、口红、腮红、粉饼等一整套面部彩妆产品,每一系列包含大约 20 款 SKU,为消费者提供全面的选择。通过这种策略,花知晓不仅在小红书上建立了强大的品牌存在感,而且成功地将每次上新转变为一场备受期待的用户盛会,进一步巩固了品牌在消费者心中的地位,也成功带动了产品销量的攀升。

通常而言,在一组上新的产品中,花知晓会挑选出某一款产品作为"头羊"产品,在营销推广上倾斜更多的资源,并通过这款单品带动其他单品的销量,甚至带动整个系列产品的销售。以花知晓曾经推出的樱桃系列产品为例,当时其樱桃镜面唇釉就是一个"头羊"产品,因为花知晓通过小红书数据洞察发现"镜面唇釉"在当时的小红书社区中热度高涨,在彩妆相关内容的热搜关键词中呈现上升趋势。因此,花知晓放弃了直接推广整个"樱桃系列"的策略,而是将推广预算集中到系列中的樱桃镜面唇釉上,借势社区用户关注的热点,引发站内彩妆用户的关注和讨论。由于镜面唇釉本身就是小红书用户当时非常关注的内容,花知晓樱桃"镜面唇釉"的搜索量在短时间内就获得了大幅度提升,借助唇釉大火的势头,花知晓也得以进一步拉动整个樱桃系列产品销量。

在互联网媒体空前繁荣的时代,"用户"一词的分量比过去任何一个时代都更加沉甸甸了。麦克卢汉曾言:"传统广告是给人提供一种生活方式——要么就是人人都予以接受,要么就是谁也不接受。"但"一身反骨"的新一代用户寻找的却是最适合自己的、有价值的内容和产品,用户也应成为企业制定营销策略的原点,成为企业营销的"核"。从用户中寻找制定营销策略的灵感,已是许多身姿敏捷的企业实践过的成功方法。

第八章 如何发挥小红书博主的最大价值

企业深度洞察了用户需求、确定了产品的营销策略之后，接下来的重要一步，就是实现与用户之间的精准沟通。这个阶段，找准产品的"翻译官"非常重要。在互联网线上营销中，内容大部分时候承载了与用户沟通的重任，而出自博主之手的内容，往往比出自企业之手的内容，更容易受到用户的关注和喜欢。

> 把底妆"焊"在脸上
> 伍迪·艾伦知识分子穿搭，回到1950s校园
> 超绝水光感，打翻了仙女的茶杯
> 清冷易碎感小哭包妆容教程
> 木工师傅含泪离开：他家衣柜都不用木头
> 吐泡泡的粉金小金鱼妆容
> 蓬松高颅顶是最好的滤镜
> ……

如果要探讨什么样的沟通风格最受小红书用户青睐，那么上面这些取自小红书博主高赞笔记里的文案，就能反映出明显的风格特征。

比如，当小红书博主想向自己的粉丝推荐一款底妆产品时，他们往往会使用"把底妆'焊'在脸上"这样的生动表述，一个"焊"字非常夸张但传神，表达出底妆持久、不易脱妆的特点。当他们对某个妆容非常满意时，也同样会戏称"这个夏天我要把这个妆焊在脸上"。又比如，近年来在小红书社区中非常流行复古穿搭风格，有博主巧妙地将其形容为"伍迪·艾伦知识分子穿搭"，伍迪·艾伦是一位美国导演，其作品《安妮·霍尔》中的女主角就以其独特的文艺穿衣风格著称，因此，这种描述唤起了一种仿佛回到20世纪

50年代校园的复古感，也带有浓厚的电影氛围，更容易激发用户的向往与种草。在彩妆文案方面，小红书博主也可以说是"创作天才"，比如"超绝水光感，打翻了仙女的茶杯"，是用来形容某种清新、透亮、淡雅的妆容的。"清冷易碎感小哭包妆容"以蜜桃粉和枣红色为主，搭配下垂感的野生眉，通过红色腮红晕染眼尾和加深下眼睑，再加上高光碎闪，营造出一种眼波流动的动人效果，这种妆容的口红通常用蜜桃豆沙色打底，在唇中叠加正红色，形成一种不同于法式红唇的清冷易碎感。此外，还有诸如"吐泡泡的粉金小金鱼妆容"等充满想象力的文字描述，展现了小红书博主们在产品推广上的巧妙和创意。在家居领域，也有如"木工师傅含泪离开：他家衣柜都不用木头"的幽默文案，充满了画面感和故事性，令人印象深刻。还有对于高颅顶发型的描述，"蓬松高颅顶是最好的滤镜"运用比喻修辞手法，可以有效加深用户对于产品效果的理解。

企业营销专业人员向用户介绍产品时，往往容易陷入"知识的诅咒"（Curse of Knowledge）。知识的诅咒是指当我们对某个事物或知识很熟悉时，就会很难想象在不了解这个事物或知识的人眼中，它们是什么样子的，从而造成沟通上的问题，就像被自己所掌握的知识"诅咒"了一般。在知识的"诅咒"下，企业对产品的介绍要么语焉不详，要么晦涩难懂，很难解决一个基础问题：这个产品到底能为用户带来什么价值。

从这些小红书博主一手创作的笔记中，可以看出那些能够引发当代年轻人种草行为的语言正在发生显著的变化，而小红书博主正是精通种草语言的专家，能以用户易于接受的语言，清晰讲述产品带给他们的价值。接下来的内容将深入探讨小红书博主种草内容的特点，以及企业可以从中学习到哪些有用的技巧，将其应用到实际的营销活动中。

1

小红书博主的**三大沟通优势**

在企业与用户的沟通中,往往存在一个很大的难点——如何把产品价值"翻译"为用户价值,并且让消费者高效、精准地理解。在小红书,博主们会将企业视角、产品视角转化为用户视角,就好像做翻译一样,把企业语言和产品语言转化为用户语言,这样做是为了提升沟通的效率。

具体来说,小红书博主一般会做三个层面的"翻译"。第一个层面是从抽象到具体,比如上文提及的"小哭包妆容""吐泡泡的粉金小金鱼妆容"这种非常具体的文案、充满画面感和细节,如果当我们描述一种妆容时,只说这个妆容很迷人、很美,这就是非常抽象的描述,因为每个用户对迷人、对美的理解和定义都不一样,因此沟通的效率和精准度也会大打折扣。然而,但大部分人一看到"粉金小金鱼",脑海中都能浮现出一个具体的画面,认知不会天差地别,因此具体的本质,就是信息传递的高精准度,信息越抽象,传递起来就越不精确。第二个层面是从产品视角转化为用户视角,一般来说,优秀的博主不会重点描述产品有什么功效、有哪些技术成分，而是会站在用户的视角，重点讲解用户面临的痛点或需求，因为对用户而言，他们真正要购买的不是产品本身，而是要购买这个产品为自己解决问题的能力。第三个层面是**从功能型卖点转化为场景型需求**，小红书博主很善于将产品放置在生活化的场景中，向用户描述它们在具体场景中能发挥哪些作用。

比如小红书博主阿秋是 aki 酱在给粉丝种草一款眼部精华时，就懂得把功能型卖点转化为场景型需求。其种草笔记的标题为《25+ 熬夜救星！淡纹巨猛！成分厉害眼纹小熨斗》，这篇图文笔记获得了 1.1 万次用户点赞和超过 4000 次用户收藏，堪称一篇爆款种草笔记，前文的章节中介绍过，收藏数在小红书是一个很重要的指标，因为收藏意味着用户觉得该内容是有用的，并且用户觉得自己某一天还会去收藏夹里回看这篇笔记，说明这个内容能够反复触达用户。阿秋是 aki 酱这篇笔记中的眼部精华产品，主要功能是抗初老、抗皱和淡化眼纹，这是产品的卖点。而场景型需求就是哪些用户在什么样的场景下最需要这款产品的功能。为此，阿秋是 aki 酱 提炼出这款精华是 25 岁以上用户的"熬夜救星"，这说明这款产品在熬夜场景中最为适用，这就是"场景型需求"，更容易让用户被种草。在阿秋是 aki 酱这篇笔记的评论区中，用户的讨论也是围绕产品展开的，没有出现"歪楼"[①]的情况，说明这篇笔记的内容正是用户所关心的痛点。

因此，从小红书博主身上，我们能学到这样的技巧，从以上三

[①] 网络流行词，指评论区的讨论重点偏离主楼想表达的内容。

个维度"翻译"产品信息。首先要把抽象的信息具体化，其次从产品视角转化为用户视角，深度思考这款产品能对哪些用户提供哪些价值，最后在为用户介绍产品卖点时，要将功能型卖点转化为场景型需求，便于用户切身感受到产品能为自己解决哪些问题。

中国科技企业极米就很懂得在小红书上将产品卖点翻译为用户买点。极米专注于智能投影和激光电视领域，2023年它推出了一款H6投影仪，产品功能主打4K分辨率和光学变焦技术，定价在6000元上下。然而，3C数码产品的诸多功能对普通用户而言，理解难度较大，加上极米H6投影仪的客单价较高，更是增加了消费者的购买决策成本，因此，与消费者之间的高效、精准沟通就变得格外重要。

为了解决这一挑战，极米H6投影仪决定在小红书上寻找灵感，通过小红书社区中的科技测评博主、家居生活博主以及泛数码博主等多维度视角，发布了一系列从用户视角出发的产品种草笔记，这些笔记有效降低了用户对产品技术卖点的理解难度。投影仪的4K是一个分辨率的参数，4K分辨率通常指水平方向每行达到或者接近4096个像素点，达到超高清分辨率标准，在这样的分辨率下，用户可以看清画面中的每一个细节。然而，这样较为晦涩的技术"黑话"往往很难被用户快速理解，因此极米决定在小红书寻找生活化的产品种草场景，并邀请小红书博主进行产品卖点的"翻译"。

极米发现，小红书用户往往会在装修和家具布置的场景下，最高频地研究投影仪，因此极米选择了家居博主、装修博主和泛生活博主来进行产品卖点的转译，将"4K""光学变焦"等晦涩的产品技术卖点,"翻译"为通俗易懂的用户语言。对于"4K 超高清无感梯形校正"这一卖点,小红书家居博主抹茶卷通过一个 2 分钟的视频笔记,指出许多用户在生活中使用投影仪时遇到的痛点——"除非提前规划,否则很难放在刚刚好的位置",但投影仪的位置对它投出来的画面效果有很大的影响,比如,侧投就会比正投损失一圈画质,如果墙面有遮挡加个缩放,更会让画面效果大打折扣。这个时候,一个光学变焦的投影仪就能很好地解决以上问题。博主抹茶卷指出,一般 4K 画质的投影仪价格在 8000～9000 元,而极米 H6 投影仪只需要 6000 多元,并且,博主将 4K 画质与普通投影仪的 1080p 画质进行了直观的对比,将 4K 画质带来的效果提升形容为"有一种近视被治好了的感觉",4K 的画质不仅画面更细腻,色彩的表现也更真实,直观的视频画面加上生动的文案,让普通用户也能快速理解 4K 优势。博主抹茶卷还指出,如果投影仪没有光学变焦的功能,那么画面被缩得越小,画质的损失就越大,而光学变焦功能可以让画面缩小时不损失画质,通过镜头的变焦让画面保持清晰,并且 2 秒无感校正也很利索。通过博主抹茶卷的视频笔记,极米 H6 投影仪成功实现了对产品技术卖点的"翻译",这篇笔记也获得了 2.2 万次用户喜欢和 9000 多次用户收藏。

牛奶是只猫是一位小红书宠物博主,他的家中饲养了四只金渐层猫咪。牛奶是只猫在视频笔记中指出,他家的猫做什么事都喜欢排队,比如排队上厕所、排队睡猫窝,就连看电视也喜欢排队,但其中一只名为小老三的小猫总是排在最后一位,在电脑屏幕前排队看电视的时候,它几乎什么也看不到。于是牛奶是只猫搬来了极米 H6 投影仪,这款产品可以随意放大缩小而不损害画质,让四只猫咪也可以并排一起看,平时被上蹿下跳的猫咪不小心碰到也可以快速校正。牛奶是只猫通过生活化的萌宠日常,用幽默的方式"翻译"出极米 H6 投影仪的产品功能,笔记获得了 11 万次点赞、4.1 万次收藏,这对于商业笔记而言是非常高的用户赞藏量。

通过正确的博主内容策略,极米成功触达了精致白领、带娃家庭以及数码爱好者等多样化的消费人群,在当年的"618"购物节期间取得了显著成效,ROI 远高于行业均值,并且产品位居电商平台 4K 投影仪热销榜第一位,在线下门店中,极米 H6 投影仪的 GMV 也较去年"618"同期实现了明显增长。可以看出,从用户视角出发的优质、精准的沟通内容,对企业的生意有着直接的拉动作用。

2

小红书博主如何"翻译"**产品卖点**

如何把一款幼猫猫粮卖给小红书上养宠的年轻人？冠能是瑞士食品饮料制造商雀巢旗下的一个高端宠物食品品牌，它在市场上面临诸多挑战，比如入局中国宠物市场较晚，作为外国品牌也未能快速融入中国消费者的沟通语境，因此在销量上未有明显的起色。

小红书与 CBNData 发布的宠物行业洞察报告数据显示，小红书社区中 63% 的养宠新手每周都会分享宠物相关内容，有 23% 的用户习惯囤货型购买宠物相关产品，其中有近三成用户每月平均花费金额在 2000 元以上，消费力较强。不仅如此，小红书上的年轻用户推崇"科学养宠"，他们崇尚"科学喂养"，对宠物的食品产生了更专业和进阶的需求。在为自己的宠物挑选粮食时，这些年轻人好像人人都拥有显微镜，会仔细对比宠物食品的原材料、成分配比等信息，并且会为幼年、孕期、老年等不同成长阶段的宠物精心挑选适合的食品。

对于冠能而言，实现高效种草的第一步就是洞察用户的需求，通过小红书数据，冠能发现，在宠物健康相关的内容中，"肠胃"是一个用户关注度很高的关键词，并且在"肠胃"相关的内容中，还没有强势品牌占领用户心智，因此冠能在旗下宠物食品中选择了一款"肠胃猫粮"作为主推品，试图以此打开市场需求。接下来要做的重要一步，就是打造优质的沟通内容，实现对用户的种草，为此，冠能采取了三个内容沟通策略。第一个策略是将卖点具象化，因为站在用户的视角看，他们其实很难肉眼判断猫咪肠胃的状态，因此冠能采用了"软便"这一沟通点，通过帮助用户辨别猫咪粪便的状态，来判断猫咪肠胃状态的好坏。第二个策略是将"肠胃"这一信息点用更符合用户语境的文案进行转译，将肠胃不好用"玻璃胃"来替代，以此提升用户的感知度。第三个策略则是围绕小红书站内的萌宠"顶流"提升种草内容的点击率，在内容的打造上聚焦布偶猫这一种深受小红书用户喜爱的猫咪品种，有效提升了相关笔记的热度。通过这样的内容策略，冠能在关注猫咪肠胃的人群中初步建立了心智，也为进一步种草埋下契机。随后，冠能通过小红书数据发现，新手养宠相关的内容搜索增幅较大，于是将核心人群从"关注猫咪肠胃的人群"扩大至"养猫新手"这一人群，通过新手养猫、养育幼猫等内容关键词，将旗下"幼猫猫粮"产品和"肠胃猫粮"产品做绑定，打造系列爆款笔记，快速带动冠能的品牌和产品认知度提升。在优质内容的助推下，冠能在"618"大促期间撬动大量用户进店，产品在全平台的 GMV 显著增长，并且旗下幼猫猫粮进入电商平台热销榜和好评榜，产品和品牌热度都得到了很大提升。

3

如何与小红书博主"共创"产品

对于企业营销而言,小红书的博主可以说是一座值得深度挖掘的"宝藏"。他们懂生活、懂消费、懂产品,能为产品的营销推广提出许多值得参考的建议。

杰弗里·摩尔所著的《跨越鸿沟:颠覆性产品营销指南》一书提出过一个技术采用生命周期消费者类型模型,它根据新技术产品在使用周期内吸引不同类型消费者的过程,来描述该产品的市场渗透程度。在这个模型中,消费者被分为五个类型,他们分别是创新者、早期采用者、早期大众、后期大众和落后者。

其中,创新者是一群狂热追求新技术产品的人群,他们往往在产品正式走向市场之前,就想方设法地购入产品。这个人群对任何根本性的技术进步都很感兴趣,他们通常只是为了探索新产品的性能而购买。创新者在任何一个细分市场中人数都不多,却非常珍贵,因为他们的支持往往能提升其他消费者购买产品的信心。

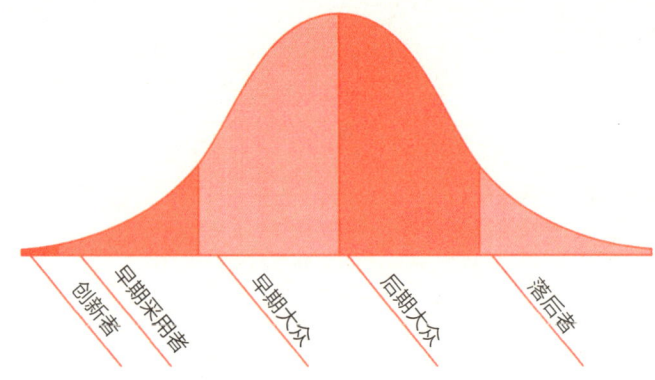

技术采用生命周期消费者类型模型（图片根据《跨越鸿沟：颠覆性产品营销指南》一书中提出的模型绘制）

早期采用者也是在较早的产品生命周期就开始接受产品的人群，但他们不同于创新者的是，他们并不是技术专家，而是一群善于想象、理解并欣赏新技术好处的人，并且他们还能将产品的潜在好处和自身关注的问题联系起来。只要新产品能够较好地满足早期采用者的需求，就能得到他们的购买。因此，企业能否赢得早期采用者这一人群，会直接关系到企业开拓某个高科技细分市场的成败。

早期大众则通常依据实用主义原则进行产品的选择，他们乐于等待和观望，喜欢先观察其他人的购买体验。并且，他们在购买产品之前往往会大量参考其他用户的评价。虽然这一群体并不是消费者中的"头羊"，但是他们数量庞大，几乎占据整个技术采用生命周期总购买人数的 1/3，因此，获得这个人群的认同，是企业获得巨额利润，实现快速增长的关键。

后期大众和早期大众的区别在于，后期大众并不信任自己使用新技术的能力，因此他们会花更长的时间用于观望，直到出现一个成熟的标准之后再决定购买，并且他们通常更愿意购买知名大企业的科技产品。和早期大众一样，后期大众也是一个数量庞大的人群，占据总购买人数的 1/3。所以，当产品进入成熟期后，虽然边际利润逐渐减少，但销售成本也在逐步降低，因此赢得后期大众的支持对企业而言也意味着巨额利润。

落后者是一群根本不愿意与新技术有任何关系的人群，他们购买新技术产品的唯一可能，是新技术产品深度融合于其他产品之中，让他们在不知情的情况下购买。比如，新车型的刹车系统使用了一个新型的微处理器，他们甚至不知道它的存在。对于企业市场营销而言，落后者不是一个值得重视的群体。

可以看出，杰弗里·摩尔这一模型的基本逻辑是，新技术的采用是一个连续的过程，可以明确分为不同阶段，且每一个阶段都存在一个明确的消费群体，所有消费群体构成了技术采用生命周期，每一个群体在整个技术采用生命周期中的比例是可被预测的。

苹果 iPad 的流行就是一个典型案例，它展示出了一个创新产品如何在上述模型中流转。iPad 最初亮相是在 2009 年的 MacWorld 大会上，时任苹果公司首席执行官的史蒂夫·乔布斯第一次向市场展示了 iPad，随后第一代 iPad 正式推向市场。当时，iPad 拥有动态触屏界面和华丽的图像显示，一经推出，就得到了苹果 Mac 电脑爱好者的追捧，上市首日即售出 30 万台，这群苹果 Mac 电脑爱好者就是使用该产品的创新者，他们对新技术有着强烈的热爱，愿意尝鲜。随后，苹果公司高层开始将 iPad 作为自己的"个人数字助理"，在日常工作中用 iPad 发电子邮件、做办公演示，这让企业信息主管也只能使用 iPad，这群对新技术并没有太大兴趣、热衷实用主义的信息主管就是

iPad 的早期大众，他们在被动使用 iPad 的过程中发现 iPad 很适合用来向经济型客户做一对一演示，于是整个销售团队也配备了 iPad。同时，在美国企业界，开会时通过 iPad 保持在线连接成为一种被广为接受的做法，便于会议组织者将电子版材料即时在线发送给与会人员。后来，家庭中的孩子们开始使用 iPad，在这个阶段，iPad 的用户数量出现了爆发式增长，新用户主要来自 Facebook 和其他社交网络用户，还有大规模在线教育用户，他们就是 iPad 的后期大众。Facebook 流行起来之后，就连爷爷奶奶也开始使用 iPad 了。对于电子产品而言，老年群体就算不是落后者，也是非常保守的类型。最后，连牙牙学语的儿童也成为用户，iPad 变得无处不在。在不到五年的时间里，iPad 已经融入人们数字生活的方方面面。

iPad 这一产品的流行过程，清晰地展现了杰弗里·摩尔技术采用生命周期消费者类型模型的各个阶段。对于大部分企业而言，模型的钟形曲线上隐藏着两道深不见底的鸿沟：一道鸿沟位于创新者与早期采用者之间，而另一道鸿沟则位于早期大众和后期大众之间。然而，真正值得关注的不是以上两条鸿沟，而是从早期采用者市场过渡到早期大众市场这一阶段，这是最可怕和最无情的鸿沟阶段，并且，这条鸿沟通常很难被察觉。如何让自己的产品能像接力棒一样，平稳流畅地从早期采用者手中递向早期大众怀里，是让产品流行的关键阶段。

BeBeBus 是一家成立于 2018 年的中国母婴生活方式品牌，它就在与小红书博主的深度共创中迭代了产品卖点，取得了销量的奇迹。2019 年时，BeBeBus 生产出旗下第一款产品——一款蛋壳造型的婴儿推车，主打"苹果风"的简约设计风格和婴儿护脊功能。这款婴儿推车售价超过 3000 元，但上市仅 7 天就登上了电商平台四轮推车销量榜第一名，并在小红书站内收获了 2200 多篇用户的主动晒单笔记。BeBeBus 到底是如何做到新品上市即成为爆品的呢？它的成功与深度的用户洞察密不可分，也和小红书博主的共创密切相关。

在 BeBeBus 创始人的眼中，新一代的妈妈们通常扮演着家庭 CFO（首席财务官）的角色，这一人群在家庭经济开支和各种家庭事项的管理上有着较高的话语权和决策权，她们通常来自一线城市和新一线城市，本身就拥有较高的收入和独立的财务支配权，因此消费能力较强，但与此同时，她们对母婴产品的要求通常也更高。BeBeBus 注意到，这样一群年轻的妈妈更多地活跃在小红书上，她们喜欢高频地分享日常家庭生活和喜好，喜欢高颜值的母婴产品，愿意为高品质的产品付费。因此，BeBeBus 决定将小红书作为营销主阵地，以这群注重生活品质、热爱高颜值产品的妈妈用户为原点，不断地撬动生意机会。

然而让 BeBeBus 没有想到的是，就在 2019 年这款婴儿推车面市不久，2020 年新冠疫情就席卷而来，这一特殊形势对一个生长中的品牌产生了巨大的冲击，同时也倒逼 BeBeBus 发掘出一些新的可能。

在居家期间，消费者更频繁地造访包含小红书在内的各大线上空间，BeBeBus 抓住这一契机，与小红书博主集中共创了大量居家场景下的高质量种草笔记，继续积累用户关注度、培育用户好感。同时，BeBeBus 敏锐地察觉到，长时间的居家生活也催生了消费者对户外休闲、户外运动、Citywalk 等生活方式的需求，在母婴人群领域，"出门遛娃"就成为父母们非常关注的刚需，当时"遛娃神器"在小红书站内搜索月均增长超 100%，这一趋势给了 BeBeBus 在产品推广上的新灵感，BeBeBus决定将新推出的婴儿车往"遛娃神器"的方向进行包装。

然而，任何一款新产品在推向市场之前，都充满了不确定性。产品卖点的拟定就考验着企业对用户的深度洞察能力。一款产品在面市前可能会提炼出多个卖点，但企业往往难以确定这些卖点能否真正吸引目标用户，以及它们能否有效促进销售转化。在BeBeBus的婴儿推车上市前，其营销推广团队已经确定了该产品的"三大卖点"和"五大传播视角"，但BeBeBus依然心存忐忑，因为许多情况下，在为新品确定市场定位时，企业容易陷入自我陶醉，同时目标消费者的精准定位和市场教育的过程往往需要巨大的投入，面临反馈周期长且结果难以预测的挑战，许多企业在产品推广的最佳周期内押下了充满不确定性的"赌注"。

BeBeBus也意识到，用户眼中的产品价值，可能与企业所认为的产品卖点大相径庭。鉴于一款产品不可能取悦所有用户，企业往往只能专注于那些最具代表性的目标用户群体，深入了解他们的需求和喜好，才有机会从市场竞争中脱颖而出。面对新品上市成功率仅为5%的现实挑战，BeBeBus选择在小红书平台上进行深度的用户洞察和产品卖点共创。BeBeBus最初提炼的产品定位是将这款婴儿推车包装为"移动的大沙发"，希望通过"沙发"这一类比来强调这款婴儿推车的舒适性和护脊功能。然而，通过对小红书社区的深入洞察，BeBeBus发现这些卖点并不能真正击中妈妈群体的痛点。

为了更精准地把握目标用户的真实需求，BeBeBus决定向小红书的资深妈妈们取经。BeBeBus邀请了十几位小红书社区的妈妈博主，并开展了一场用户访谈会。访谈结果显示，BeBeBus 预设的产品卖点并未触及用户的核心痛点，因为婴儿推车的真正使用者是宝宝，但其购买者是妈妈。妈妈们对于护脊这一抽象概念并不敏感，她们更关注的是宝宝在不舒适的婴儿车中可能表现出的不适姿势，比如歪脖子等。

这一洞察帮助 BeBeBus 成功找到了能够深入母婴产品用户人群内心的产品卖点：这款婴儿推车能够有效防止宝宝歪脖子。通过数据分析、产品试用和新品测评用户座谈会，BeBeBus 将"护脊"这一抽象的概念具体化为"护脊蝴蝶靠背"这一充满画面感的卖点，并创造性地提出了"蝴蝶车"这一辨识度高、简单易记的产品新昵称，"蝴蝶车"形象地描述出该款婴儿车背后的四条支撑结构，就像蝴蝶翅膀一般妥帖地护住宝宝的脊椎。

BeBeBus"蝴蝶车"（图片来源于 BeBeBus 小红书官方账号）

此外，BeBeBus还通过数据分析精准锁定了核心用户群体，寻找到更广泛的潜在用户群体。BeBeBus发现，"蝴蝶车"的核心购买者群体是有6个月~4岁宝宝的有经验的妈妈，因为这一年龄段的宝宝正处于探索欲望强烈的时期，妈妈们会有更频繁的外出需求，对婴儿推车的依赖性也更强。而有0~6个月大宝宝的新手妈妈这一潜在用户群体，在选择婴儿车时会考虑产品的使用年限和综合能力，希望找到一款能够伴随宝宝成长，宝宝0~4岁无须更换的推车。

通过深入挖掘，BeBeBus不仅找到了正确的目标用户，还识别出了产品的核心使用场景——日常的楼下遛弯，如在小区、超市或附近商场遛娃；市内的短途出行，如前往公园、露营地或主题公园；长途旅行，如乘坐飞机、动车前往旅游景点。这些场景洞察帮助BeBeBus在不同用户使用情境下突出产品的最佳卖点，为产品的成功种草奠定了坚实基础。

在精准定位产品卖点、提炼易于传播的产品昵称、精确锁定目标客群及产品核心使用场景之后，BeBeBus携手小红书博主打造了一系列高品质种草笔记，全方位展现产品的独特卖点，通过多角度的沟通策略，强调该款婴儿车的可平躺设计、安全性以及对婴儿脊椎的保护作用。从"移动大沙发"到"蝴蝶车"，BeBeBus成功打造了一款市场爆款产品，产品上市仅7天便荣登电商平台"四轮推车热销榜"榜首。在小红书社区中，"蝴蝶车"当时的搜索量每月增长高达数十倍，这一数据充分说明，越来越多的用户开始关注这款婴儿车并被这款婴儿车所吸引，他们通过搜索来获取更多产品信息。不仅销量转化效果显著，用户的口碑反馈也非常正面，在产品的核心词云中,诸如"遛娃神器""颜值爆表""使用便捷"等评价,反映出品牌产品成功赢得了消费者的喜爱。不仅如此,在用户口碑词云中,"蝴蝶仿生靠背"等词的出现频率也较高,表明"蝴蝶车"这一产品昵称已深入人心,BeBeBus 在销量和品牌形象上均实现了显著提升。

第九章 和小红书博主学写种草笔记

小红书数据显示，社区里优质内容的"半衰期"较长，"半衰期"也就是指笔记的传播周期，因此优质内容的长尾效应非常明显。通常而言，一篇内容在互联网上的传播周期只有 24 小时，超过 24 小时其流量就会快速滑落。但在小红书，一篇笔记即便在发布后的第三天依然能获得不错的流量，如果将笔记发布后的 45 天作为一个观察周期，那么在这段时间内，发布 3 天的笔记阅读/播放量占比可达到 46%，而发布 30 天的笔记阅读/播放量占比则高达 95%，在小红书的算法机制作用下，优质内容能够超越时效性的限制，持续吸引用户关注。出现这一现象的原因在于，小红书并非一个追求新闻性或热点事件的平台，这与其他内容平台形成了显著差异。并且，小红书的用户有强烈的搜索意愿，他们搜索的"翻页率"也非常高，用户在一次搜索中可能会浏览超过 30 篇笔记，而用户的搜索行为也能为发布多时的笔记提供持续的流量。

对企业而言，**创作出优质的笔记内容，就等于摁下了流量源源不断产生的"开关"**，可以带来极高的投入产出比，而小红书博主的内容创作方法就非常值得企业学习与借鉴。

众所周知，消费者对普通的广告通常怀有抵触情绪，许多人购买视频网站的会员服务，主要就是为了跳过视频中的贴片广告。然而，在小红书这样的平台上，博主们却凭借着自己的努力，不断拓展着"广告"的形态。即便是商业合作的笔记内容，只要为用户提供了有价值的信息，也能成为用户喜爱的爆款内容。前文曾提及，小红书的用户搜索数据增长很快，无论是搜索人数还是用户的阅读深度都在显著提升，而用户的搜索行为则是连接浏览广告到购买决策的关键环节。当前 60% 的小红书用户会主动搜索信息，小红书社区的日均搜索查询量近 3 亿次,与产品相关的高质量笔记内容不仅能够吸引用户点击,还能获得丰富的收藏和评论。因此可以看出,决定一篇小红书笔记是否受欢迎的关键要素不在于它是否为一则广告,而在于它是否真正从用户视角出发、是否为用户提供了解决问题的方案。

那么除了上文提到的"翻译"原则,到底如何创作一篇内容,才能让用户更容易被种草呢?我们一起来看看<u>小红书博主身上,到底有哪些值得借鉴的种草方法和技巧</u>。

1

对话感：拉近沟通距离

如果留心观察就会发现，在小红书上，许多博主的种草笔记都有一种"临场感"——仿佛这位博主就站在眼前与用户面对面对话一般。这种风格体现了前文介绍过的 Human to Human 的沟通艺术，即普通人与普通人之间自然而然的交流方式。不仅如此，博主们创作的内容通常都站在用户的视角，并使用了用户熟悉和喜爱的语言。

在具体的文案创作上，博主们也会运用一些小技巧，比如采用具有对话感的文案，有效拉近其与用户之间的距离。在许多爆款笔记的标题中，我们都能看到诸如"不好意思""求求""姐妹们听我的"等文案，让笔记显得更加亲切和有吸引力。

时尚博主莉莉东 LiliDong 在一篇为意大利珠宝品牌 Buccellati 布契拉提创作的商业笔记中，就使用了非常具有对话感的标题——"恭喜你，靠品位刷到了这个视频"，莉莉东 LiliDong 通过美剧的渲染、名人的赞扬、明星的佩戴，向用户娓娓道来地介绍了 Buccellati 布契拉提的历史、工艺和各系列珠宝的特色，让这篇商业笔记最终获得了 2.8 万次点赞，近 8000 次收藏和超过 200 条用户评论。

美妆博主秦思在推广阿玛尼旗下一款气垫产品时，使用了"不好意思，妆越淡越上镜的办法我还真挺熟"这一标题，语言风格非常自然，就像在与用户进行日常交流。博主胡还行一篇笔记的标题为"冷都女｜画了这个妆之后我就不用笑脸迎人了"，"冷都女"是指"冷漠的都市女孩"，这则标题既生动又带有一丝幽默感，这种风格很容易吸引年轻用户的注意，这篇笔记收获了超 5000 次用户的点赞和收藏。

"大牌眼影还真有点东西的"，这像不像女孩子在通信软件上随意发给朋友的一句话？然而就是这样一则简单的标题，加上四张博主的眼影上妆照片，就在小红书收获了 1.5 万次用户点赞、近 4000 次用户收藏和 400 多条用户评论，并且评论区中充满大量用户"蹲眼影盘""求链接"的求购评论，可以说种草力满满。在小红书，许多博主与用户之间的关系就像好朋友、好姐妹一样亲密，所以他们的种草笔记风格也就如同和朋友聊天那样自然，充满对话感，没有使用任何晦涩难懂或者华丽优雅的词汇，却极具说服力。

博主我没瘦在推广 Intoyou 唇泥时，视频笔记标题为"求求，怎样才能让你们知道这几支绝美唇泥！"，这是一个典型的具有强烈对话感的标题，渲染出博主迫切想要推荐唇泥的心情，收获了 1.2 万次用户点赞和 4600 多次用户收藏。

HBN 是一个成立于 2019 年的中国个人护肤品牌，在国内 A 醇市场尚未被充分开发的时期，就已经开始专注 A 醇成分的研究。经过三年的发展，HBN 成为拥有数百万用户的品牌。小红书也是 HBN 从诞生之初就一直重点耕耘的平台，它在小红书的种草笔记也很符合小红书社区特色，其笔记标题极具对话感，比如"别乱用早 C 晚 A 了，新手敏感肌这样用才能嫩脸"，这一标题非常容易吸引新手用户的注意力。再看另一篇笔记的标题，"囤货成双，快乐加倍，早 C 晚 A 真的没骗我"，这些极具对话感的标题，读起来就像是在与用户进行一场活力满满的对话，自然而生动。从数据上看，这些笔记的表现也相当出色，基本都获得了万赞的好评。

可以看出，在"普通人帮助普通人"的小红书社区中，比起专业、严肃、华丽的内容，充满对话感的笔记内容更容易得到用户的青睐，这样的内容褪去了浓浓的"广告味"，更具亲和力，可以有效地拉近品牌与用户之间的距离，从而极大地增强了种草效果，更容易走进消费者的心智中。

2

故事感：**构建鲜活的场景**

有这样一句话："如果你想造一艘船，不要只是雇人去收集木材，而应该先激发他们对大海的向往。"要激发人们对大海的向往，最有效的方法就是对他们讲述一个关于大海的故事，故事是一种高效的沟通策略。人类的大脑天生喜欢听故事，因为它们更容易被理解和记忆，也更容易传播。从一万年前洞穴岩壁上的壁画，到今天 IMAX 电影银幕上的画面，无数的故事在流转，它们不仅传递信息，还在人们心中激发情感共鸣。在信息爆炸的新媒体环境中，"有故事感"的内容比普通内容拥有更强的吸引力和传播力，这些内容利用人们对故事的天然喜好，有效减少用户对广告的抵触感，以一种更巧妙的方式吸引用户的注意力、进入用户的心智，并且更有可能长期留在用户记忆中。比如文案大师威廉·伯恩巴克曾在"甲壳虫"汽车的一则文案中写道：

我，麦克斯韦尔·斯内弗尔，趁清醒时发布以下遗嘱：

给我那花钱如水的太太罗丝留下100美元和1本日历；

我的儿子罗德内和维克多把我的每一枚5分币都花在时髦车和放荡女人身上，

我给他们留下50美元的5分币；

我的生意合伙人朵尔斯的座右铭是"花钱、花钱、花钱"，

我什么也"不给、不给、不给"；

我其他的朋友和亲属从未理解1美元的价值，我留给他们1美元；

最后是我的侄子哈罗德，他常说"省1分钱等于挣一分钱"，

还说"哇，麦克斯韦尔叔叔，买一辆'甲壳虫'肯定很划算"。

我决定把我1000亿美元财产全部留给他！

通过一则幽默故事，不仅传递出"甲壳虫"汽车的物美价廉，也勾勒出一个节俭明智的车主形象。这则广告文案即使放到今天都不免有剑走偏锋的意味，但正是这种故事感，可以闯入目标群体心中，建立起甲壳虫汽车可爱、调皮又实用、靠谱的差异化形象。

那么，在撰写种草笔记时，如何创作出具有故事感的内容呢？让我们看看小红书的博主们是如何做的。

下雨天在房车里听白噪声，是一种怎样的体验？小红书旅行博主福旺家房车生活在为用户种草SoleusAir舒乐氏烘干机时，就选择了一个较为特别的生活场景——房车旅行。在房车驶入恩施山谷，

遇上淅淅沥沥下雨天时，博主为大家分享躺在房车里听小雨落到顶棚的白噪声的感受，虽然是阴雨天，只要心情好，也能感受到大自然的治愈，虽然阴雨天衣服晾晒会很成问题，但有了 SoleusAir 舒乐氏烘干机就能很好地解决这个问题。在房车场景中，博主自然地分享着房车旅行的苦与乐，然后自然地分享房车好物，这篇商业笔记也获得了超 6000 次点赞和收藏。

博主锦书 r 在向用户推荐英国香氛护理品牌 SoupGlory 时，为了凸显产品复古的包装风格和身体乳清新的木质玫瑰香调，以及沐浴露的清透保湿效果，拍摄了一组极具浓郁复古风情的写真，阳光灿烂的海滩、沙滩椅、蜜桃色的格子连衣裙，博主的金色卷发和复古红唇，加上白框沙滩墨镜和脚下的玫瑰花篮，烘托出产品俏皮的包装设计和滋养的功效，仿佛能把浴室变成活力满满的沙滩一般。这篇笔记获得了 7.2 万次小红书用户的点赞和超过 2.1 万次收藏，评论数量也达 1400 多条。明媚的沙滩场景，极具审美的视觉冲击，让许多用户在评论区纷纷表示"被种草"。

如何向年轻人种草一辆电动汽车？博主滚滚不是广坤在推广理想汽车时，就创作了一篇标题为"勇敢小狗的理想也是享受世界吗"的视频笔记，展示自己带着宠物在大西北自驾几千公里的愉快旅行，并在过程中展示了理想汽车方便随时吹干湿透的顽皮小狗、电动脚拖很适合放置宠物粮食碗等细节，笔记收获了 1.4 万次用户点赞和超千次用户收藏。

构建鲜活的生活场景，并在场景中自然地讲解产品特点以及它们为用户生活带来的价值，是小红书博主的一大种草技巧。当小红书博主向用户种草一款祛痘产品时，会把标题写为"痘痘犯了什么滔天大罪，要受这种雷霆之罚"，运用生动的比喻，将痘痘拟人化，好像它们犯了错需要受到惩罚，这样的创意标题让人忍不住点击，想要了解背后的故事。在推荐美妆产品时，博主会将标题写为"沙色异域感混血妆，打造落难公主"，"落难公主"充满了故事性，让用户感觉一旦尝试这款妆容，就能获得全新的身份设定，这样的内容更容易在用户中流行起来。"总要带闺密来西双版纳当一次人鱼公主"也异曲同工，许多女孩去西双版纳都会尝试画上人鱼妆容，营造出一种梦幻公主的感觉。这些博主笔记的共同点在于，它们都通过故事化的标题和内容，激发了用户的好奇心和想象力，从而提高用户的参与度和笔记的传播力。

3

画面感：善用比喻和通感

小红书博主种草笔记还有一个非常显著的特点，那就是善用比喻和通感。亚里士多德曾言："比喻是天才的标志。"一个恰当的比喻能有效降低用户对新事物或抽象概念的理解难度，使信息接收过程变得更加轻松和有趣。

在商业笔记内容中，运用比喻的关键在于找到本体与喻体之间的合理联系。为什么有些笔记内容读来如同一个 1000 度近视者眼中的世界——模糊而缺乏立体感，而另一些文案则能清晰地展现一个立体且细节丰富的世界？造成这种差异的原因通常有两个：一是创作者的表达能力如何，能否将所见所思以文字清晰呈现；二是创作者的观察力如何，是否世界在他们眼中显得混沌不清。大多数情况下，后者是问题的根本。

观察小红书博主的笔记，我们会发现他们如同行走的记录仪和显微镜，能够细致入微地观察和感知周围的人、产品、场景和情绪。

他们擅长运用比喻、通感等修辞手法，让用户的脑海中充满画面。比如，小红书博主会用"胶水底妆教程"来向用户展示底妆产品的持妆能力，通过将底妆比作胶水，形象地传达了其持久、不易花妆、掉妆的效果。他们会形容一个眼妆为"亦仙亦侠，堕仙眼妆"，这个妆容因其眼线的长眼尾而被称为"堕仙妆"，画上这种妆的人就像堕入人间的神仙一般，既仙气十足又带有侠气，"堕仙妆"的名字非常形象生动，易于记忆。要形容一款颈霜的修复效果，则会写"它真的是吃颈纹的"。小红书博主们就像比喻制造机，总能创造出许多有趣的产品推荐语来吸引用户。那么到底如何写出一个生动的比喻呢？接下来拆解一些写出比喻的实用技巧。

美国恐怖小说家斯蒂芬·金在《写作这回事：创作生涯回忆录》一书中写道："恰当的比喻带给我们的喜悦，和我们在一群陌生人中遇到一位老朋友一般。将两件看似毫不相干的事物放在一起进行比较，有时能够让我们以一种全新的、生动的视角来重新审视那些平常的事物。"斯蒂芬·金道出了比喻修辞的精髓所在：本体与喻体之间存在某种惊人的相似性，同时又充满新鲜感，这使得比喻更容易被人记住。

斯蒂芬·金的小说中也有大量精彩的比喻。比如《魔女嘉莉》中"腹痛引发了一阵阵痉挛，使她走起来一会儿快一会儿慢，活像一辆汽化器有毛病的汽车"；《杰罗德游戏》中"狗的嘴和鼻子朝后皱起，就像是一块弄皱了的小地毯"；《迷雾》中"我们挨挨挤挤地回到蔬果区走道，一如挣扎着要游向上游的鲑鱼"……都是非常新鲜、精准的比喻，让人读的时候脑海里一下子就有画面感了。

在创作比喻时，有两个常见的陷阱需要避免，这是斯蒂芬·金所总结的经验。第一个陷阱是比喻没有击中要害,也就是说本体和喻体之间的联系并不紧密。如果比喻不够贴切,可能会让人感到困惑,甚至荒谬。第二个陷阱是使用陈腐的比喻,例如,"他像老虎一样勇猛"或"她像花儿一样美丽"。虽然这样的比喻在语法上没有问题,但它们过于陈旧,可能会让人怀疑创作者的阅读量不足,或者是在写作上偷懒。当我们放眼小红书博主的高赞笔记时,会发现他们的比喻都巧妙地避开了这些陷阱。他们的比喻不仅精确,而且新颖,避免了陈词滥调。

　　小红书博主会将妆容形容为"蛇系轻泰辣妹妆","蛇系"一词非常新颖,描述出美瞳带来的神秘与冷艳。"冰透西瓜苏打妆",则传递出夏日妆容所具有的清透感,用户感受到这款妆容的清爽和妆面的洁净,仿佛真的能带来视觉降温的效果。在形容新中式妆容时,则会用"水是眼波横"形容眼睛清澈明亮,如同水面的波光。其实在中国古诗词中,可以找到许多值得借鉴的比喻,比如用"远山眉"来形容眉毛如同远处的淡墨色的山峦。

如何进行高效的营销推广

第十章

1

KFS 产品**种草组合**投放方式

当企业与小红书博主共创出优质的内容后,如何才能将优质内容的价值最大化,使之触达尽可能多的目标用户,实现种草效率的提升?精准且高效的营销投放策略,与产品销量的增长密不可分。

小红书现在流行使用"KFS 产品种草组合投放方式"。什么是"KFS"?"K"代表 KOL(关键意见领袖),即博主;"F"代表 Feeds,即信息流广告投放;"S"代表 Search,即搜索页的广告投放。对企业而言,选择正确的博主创造优质笔记至关重要,博主和他们的笔记内容是产品与消费者沟通的最前线,会直接影响笔记的点击率、互动率及成交效率。KFS 背后的底层逻辑是利用优质内容来提升广告效率,即以相同的成本实现更好的营销效果,比如获得更高的 CPM(千人成本)、ROI 等。是否是好内容不由企业自己主观判断,而是交给消费者进行"投票"决定的,而消费者认为的好内容,可以通过笔记的数据来进行验证。简单而言,一名用户每天可能会浏览大量的内容或搜索多个关键词，如何让用户在成千上万的内容中看到企业的产品信息，并对此产生兴趣和进一步了解的欲望、最终促成产品的成交，是每一个企业都要解决的难题。制定 KFS 策略就是为了解决这一问题，用精准的流量将好内容的影响力放大。

在 KFS 投放法中，KOL 的主要职责是产出优质内容，初期可以通过小规模流量测试，找出各项指标更优的内容，放弃对内容的主观喜好和判断，让数据说话。而信息流和搜索页的布局同样重要。在产品推广的不同阶段，需要通过信息流广告来提高产品的知名度，又或者通过搜索页的广告投放来深度影响消费者的购买决策，这将直接影响产品种草的整体效率和效果。对于企业而言，放大优质内容不是随意的，而是要根据不同的营销目标，设定不同的投放策略，将 KFS 的价值最大化。

2

从**种草蓄水**到**站内闭环**

在小红书上,企业在营销推广上会面临一个核心挑战,即难以衡量广告效果。然而,随着站内直播、电商的逐渐成熟,这一难题正在逐步得到解决。阿芙精油便是在这样的背景下,成功实现了销量转化闭环的。阿芙精油到底是如何在小红书上进行有效的种草营销,并通过直播达成销量闭环的?

在入驻小红书后,阿芙精油要解决三大问题。第一是产品认知度的提升,用户对阿芙旗下的身体精华油较为熟悉,但其面部精华油却认知度较低,即便该产品已经上市两年。第二大挑战是品牌形象有待焕新,提升品牌在消费者心中的定位和口碑。第三大挑战则是市场竞争环境日益严峻,在精油领域,大量新兴品牌正迅速崛起并蚕食市场。在这样的背景下,阿芙在小红书上启动了一场营销活动。它选择了旗下一款面部精华油"11籽精华油",通过种草营销成功实现了品牌口碑与产品销量的双重提升。

先简单梳理阿芙精油的故事线：从 2022 年 12 月至 2023 年 2 月，阿芙 11 籽精华油在小红书上进行了 KFS 产品种草组合投放，通过持续的产品心智渗透，积累了一定的品牌人群和口碑资产。2023 年 2 月，阿芙 11 籽精华油通过董洁的"以油养肤"产品种草笔记和董生活直播预告，产品热度冲向高潮。随后，通过董洁的"生活方式分享"式直播扩大声量。直播后，通过继续放大优质笔记的势能（包括董洁及小红书博主的产品种草笔记和直播间产品视频笔记），继续通过 KFS 投放策略，触达更广泛的目标人群，持续推高品牌和产品口碑，让产品销量继续稳步增长。

接下来深入分析阿芙精油每一步是怎么做的。从阿芙精油在小红书的这轮营销推广中可以看出三步重要策略：

第一步是精准选品。阿芙精油从旗下产品矩阵中选出 11 籽精华油作为主打产品，并围绕它展开了种草，为后续的推广和转化打下基础。

第二步是确定产品沟通策略。通过洞察用户需求找准"以油养肤"趋势，并产生优质笔记内容进行种草蓄水，随后借势高点直播实现转化，通过董洁的直播活动，将产品热度推高并实现转化，将使用面部精华油护肤打造为一个流行趋势。

第三步是将优质内容精准投放至目标用户群。在直播结束后，阿芙精油并没有停止营销的步伐，而是对直播内容进行了二次利用，剪辑了董洁直播间的高光时刻，并进行了新一轮的种草投放，以此沉淀品牌口碑，实现直播效果的二次发酵。这一策略有效地利用产品本身的影响力，进一步扩大了品牌传播。通过这三个步骤的连贯执行，阿芙精油不仅实现了产品的种草，还形成了一个有效的闭环营销效果。

在第一步精准选品上，阿芙精油选择将旗下 11 籽精华油作为在小红书推广的核心产品。一方面，这个选择与前文提及的品牌痛点密切相关。阿芙精油意识到，其产品在消费者心中当前的形象是价格较低，因此希望通过一款高端产品来重塑品牌形象。此外，阿芙精油也在小红书社区进行了深入的市场洞察，发现精华类产品主要分为修复和抗衰两大类型，而在高价位和抗衰的产品领域，竞争相对较小，而在价格较低的修复产品领域，竞争则非常激烈。阿芙精油恰好拥有一款定位高端的精华油，因此他们决定进军面部抗衰精华油这一相对蓝海的赛道。可以看出，阿芙精油的选品策略是基于品牌自身诉求和小红书社区数据洞察来进行的，最终锁定 11 籽精华油作为主打产品。我们可以发现，在小红书进行营销的众多企业成功案例中，第一步总是市场洞察和选品。选择一款最具竞争力、能实现市场突破的产品，对后续的营销动作影响深远。这实际已成为小红书营销的一个标准动作——精准选品。

在选定产品之后，则进入营销策略的第二步——确定产品沟通策略，这关系到如何与用户进行有效沟通，需要考虑几个关键因素。首先，需要了解用户当前最迫切的需求是什么，这些需求可以通过小红书站内的数据进行洞察，比如某些关键词的搜索量和笔记增长量。如果搜索量高，这表明许多用户都在寻找这类产品。以阿芙精油为例，它发现在 2022 年小红书美妆行业中有两个关键词特别受欢迎——"以油养肤"和"油敷法"。这两个关键词在冬季的搜索趋势环比增长分别达到了 91% 和 77%，显示出用户对这两种护肤方法有显著的需求。在确定了用户关注的护肤趋势后，需要进一步找到核心人群和关键沟通点。其次，通过小红书的数据分析，阿芙精油发现在"以油养肤"相关的笔记中，"干皮敏感肌"是一个热门词，表明核心人群非常关注抗衰老问题。最后，通过进一步的分析，阿芙精油找到了与用户需求紧密相关的关键词——"干皮抗老"，这是用户在追求以油养肤时最希望解决的皮肤问题。有了这些洞察和分析，阿芙11籽精华油就定位于"以油养肤"的概念，并针对干皮抗衰人群进行差异化沟通。在确定了沟通策略和关键词后，阿芙精油开始与博主合作，创作了一系列笔记，例如，"如何正确进行以油养肤""三油三水护肤法"和"荷包蛋护肤法"等，这些内容都在"以油养肤"的框架下，为干皮抗老人群提供了实用的护肤技巧。通过这一系列连贯的步骤企业通常能为用户提供一个清晰、有吸引力的产品信息。

除了分享实用的护肤技巧，阿芙精油还在小红书洞察到了一个新兴且迅速增长的趋势——"情绪护肤"。沉浸式护肤和营造氛围感的笔记内容备受欢迎，2022年沉浸式护肤笔记的发布量同比增长了159%。沉浸式护肤视频通常包括博主轻柔的说话声、瓶罐敲击的声响，以及宁静的背景音，这些元素结合起来创造了一个让用户沉浸其中、易于观看的体验。在这个过程中，产品和其功效的介绍自然地融入，从而提高了用户的接受度。基于这一趋势，阿芙精油创作了大量符合情绪护肤和沉浸式护肤主题的笔记。例如，通过录制沉浸式以油养肤的过程，或是展示如何通过沉浸式护肤来缓解熬夜带来的肌肤问题，提供一种治愈的体验。无论是春夏季节的以油养肤，还是追求素颜少女感，阿芙精油都输出了大量与小红书站内趋势和用户需求相契合的内容。这些内容的创作非常精细，前期的种草内容打磨得恰到好处，符合小红书站内用户的品位和需求。

生产出优质内容后，接下来就是第三步——将这些优质内容有效地传递给品牌产品的精准目标用户群。为了实现这一目标，阿芙精油采用了之前课程中提到的 KFS 投放策略，通过与博主共创优质笔记，再利用流量投放去放大优质内容的影响力，借势站内趋势，抢占品类流量。董洁在直播活动之前，发布了一篇预热笔记，其中提到了阿芙 11 籽精华油，并且为直播活动做了预告。在直播之前，阿芙精油便一直在使用董洁的直播预告进行投放。例如，针对董洁的粉丝群体、搜索过精华油的用户群体，以及具有电商标签的用户群体进行内容推广。这些人群非常精准，针对他们利用董洁对产品的背书进行投放，让更多人了解这款产品，关注直播，为直播转化积累潜在客户。

值得一提的是，董洁的笔记对阿芙 11 籽精华油的介绍非常清晰自然，吸引了很多人的关注。她的笔记讲述了面部精华油的使用方法，比如通过按摩和轻度面部 SPA，实现以油养肤的效果。她分享了精油的实用技巧，以及如何将精油与其他护肤产品搭配使用，这样的内容非常适合直播营销，为直播活动积累了很强的观众基础。在搜索方面，阿芙精油也进行了详尽的关键词规划，当用户搜索精华油或以油养肤等相关词时，董洁的笔记和其他博主的爆款笔记都排在搜索结果的前列，从而进行有效的触达。

在完成了前期的种草蓄水后，阿芙精油迎来了一个营销高点，即董洁的直播。董洁之所以能够吸引用户的目光，不仅因为她自带名人光环和广泛的公众认知度，更因为她的直播内容总是从用户的角度出发，她不仅是在销售产品，更是在分享护肤知识、穿搭技巧和个人审美，她的直播间更像一个生活方式交流的空间，而非一个简单的销售场所。在董洁的直播间里，产品价格并不是被关注的重点，她更强调产品的品质和性价比，无论是高端产品还是亲民产品，她选商品的标准都是高品质和高审美，而不是单纯的低价。因此对用户而言，董洁的直播讲解更像是一场分享会，她会认真地介绍每一件商品的特点和优势，而不像大部分带货直播间那样快节奏地强调低价和促销，她的直播风格更加注重内容的质量，而不是仅仅追求速度和效率。在一系列营销动作的助推下，阿芙精油与董洁的合作预热笔记曝光量快速提升，互动量也超过 10 万。并且在直播期间，阿芙 11 籽精华油单品 GMV 实现突破，成为当期直播美妆护肤品牌总销量榜的 TOP1。

深入分析了阿芙精油案例后，可以看到前期的精细化种草对直播间转化的助推不容忽视。这包括了精细化选品、市场趋势分析、用户沟通内容的确立以及高质量内容的创作。通过 KFS 打法，阿芙精油在小红书进行了充分的站内蓄水，为直播高点的到来做好了准备。在直播前的预热期、直播引爆期和直播后的长尾期，阿芙精油也采取了不同的内容策略、人群策略和投放策略。比如预热期，在董洁介绍阿芙 11 籽精华油的预热笔记中，就十分强调"油养肌肤"的护肤理念，并发布直播预告；同时，其他合作的博主们也在推荐阿芙 11 籽精华油。在人群策略方面，聚焦投放小红书特色人群（如熬夜人群），以及节日促销人群、电商直播收看人群、明星粉丝人群等，这一阶段主要强调曝光。在直播引爆期，董洁直播间成为主要的引流入口，人群策略与预热期相同。而在长尾期，则是利用直播内容进行二次发酵，人群策略依然聚焦小红书特色人群及节日促销人群、电商直播人群、明星粉丝人群等。对意向人群进行精准转化。

从营销结果来看，阿芙11籽精华油不仅成为董洁直播间中的爆款产品，也是当月明星单品。该单品表现出强劲的GMV增长。直播结束后，该产品无论在小红书站内还是其他电商平台的销售额都获得了持续增长。

第十一章 如何在小红书做好一场带货直播

1

回归人的需求

与大开大合的流量逻辑不同,在小红书,无论企业做种草还是做直播、电商,都是围绕"人"展开的。通常,电商平台和部分短视频内容平台上的直播、电商更注重商品和低价,而小红书电商的运营重点却放在了"人"上,平台希望吸引那些同时具备内容创作能力、审美能力、销售能力和运营能力的买手、店主和商家,让他们创作优质内容,从而让用户在平台进行交易。比如前文提过的章小蕙和董洁的直播间,就是这种理想状态的体现,这两位明星的直播间并不"叫卖",而是通过娓娓道来、真诚讲解的方式,在小红书上创造了单场销售超过 5000 万元的成绩。因此,小红书的电商并没有追求商品种类的极致丰富和价格的极致低廉,而是鼓励那些与小红书用户需求更为匹配的人与产品,以提高交易的质量与效率。

2024 年的"618"电商大促节前夕,小红书官方发起了一个"简单直播倡议",号召平台上的万千直播间"简单做自己",希望让走入直播间的用户能够"听到真心话、看到真产品、买到真喜欢"。

倡议中具体有7则信息：

真实表达使用感，不夸大事实。
真心回应每次互动，不满足复读机式讲解。
真诚帮助顾客做选择，不鼓吹冲动消费。
直播间里好好说话，不讲奇怪的替代词。
让下单更简单，少一点剧本和套路。
确保在直播间购物所见即所得。
真诚对待收获后的反馈，让交易也有交情。

在这份"简单直播倡议"中，小红书还从平台视角给出一些直播建议：

设备和团队不必复杂，一个人也可以播起来。
"做自己"就是你的直播风格，勤劳开播就是好的开始。
发好笔记做足预告，吸引大家进来就很简单。
讲解生动有问必答，留住大家就很简单。
讲出价值感、配合好价格，买起来就很简单。
用群聊把熟客聚起来，好口碑就能带来好生意。

从小红书官方的倡导中，可以看出平台希望商家、买手真诚地与用户交流，营造出真实、清爽的直播间环境。为什么小红书的直播电商会是这种风格呢？首先需要理解小红书电商的差异化特点。

当前的电商平台主要分为三种类型：搜索电商、内容电商和社交电商。这三种模式之间的区别，源自消费者在购物时的三个最基本的决策要素：需求、触点和信任。举个例子，当一名用户某天突然想去露营，于是他产生了购买帐篷的"需求"；接着，他也许会去淘宝或京东等电商平台进行搜索，这些平台就是消费者接触商品的"触点"；最后，这名用户可能在某个户外品牌的电商平台官方旗舰店进行下单购买，因为这个户外品牌和电商平台为他提供了"信任"背书。

2

买手是用户与产品之间的桥梁

需求、触点和信任,这三个要素在人们的消费行为中缺一不可,然而它们在消费者决策过程中出现的顺序却有所不同,正是这种顺序的不同,决定了消费者会选择不同的购物平台进行交易。

第一种顺序是需求、触点、信任。按照这一顺序进行决策的消费者,通常会选择搜索电商平台进行交易,如淘宝、天猫、京东、苏宁等电商平台。在这一类型的用户购买链路中,用户首先产生了较为明确的消费"需求",然后在搜索电商平台的"触点"上进行搜索,最后再判断某产品是否值得信任。搜索电商平台的显著特征是大部分交易都是从电商页面上的搜索框开始的,不仅如此,这些电商平台的网页布局类看上去也很像线下的货架,商品被一一罗列、展示在用户面前,因此它们也被称为货架电商。

第二种顺序是触点、需求、信任。按照这一顺序进行决策的消费者,通常会在内容电商平台进行购物,比如抖音、快手等平台。

就像许多用户喜欢逛商场那样，商场本身就是一个"触点"，有时用户在逛商场前并没有特定的购买目的，他们只是随便逛逛，逛商场的本质是对时尚、流行、趋势等内容的消费。但是在逛商场的过程中，用户可能会产生购物需求，比如看到一件吸引自己的外套，从而产生购买欲望进而下单，这就是按触点、需求、信任的顺序产生的购买行为。在"触点"上产生内容，通过内容激发用户"逛"的兴趣，所有能够激发用户逛的欲望的地方，都适合发展内容电商。因为用户在逛的过程中，可能会被某些内容所吸引，从而激发出原本并不存在的需求，抖音就是这样的平台，也被称为兴趣电商，它最大的优势在于能够提供引人入胜的内容，让用户忍不住一直刷，直到刷到可能激发购物欲望的商品。

第三种顺序是信任、需求、触点。 按照这一顺序进行决策的消费者，通常会选择社交电商进行购物。例如，你的微信朋友圈里有一个卖护眼灯的朋友，你对他非常了解，认为他是一个值得信赖的人，尽管你原本并不需要护眼灯，但某天你体检后发现自己的视力下降，从而产生了购买护眼灯的需求。这时你可能会想到这位卖护眼灯的朋友，尽管护眼灯市场鱼龙混杂，但你相信这位朋友的推荐，于是你通过微信联系他，这就是触点。因为信任，一旦有了需求，你就会主动找到这个触点，这正是社交电商的特点。

我们所看到的电商类型，基本上可以归为上述三种。那么，小红书的电商属于哪一种呢？小红书官方给出的答案是"买手电商"。买手这一概念并不新鲜，在时尚领域，买手通常指那些为零售店、品牌或个人挑选和购买时尚产品的人，他们对各类时尚趋势拥有敏锐的洞察力，对各类时尚产品也有深度了解，同时，买手通常拥有超乎一般人的审美能力、商业意识和服务能力。小红书所提出的买手电商，本质上是内容电商和社交电商的结合体，因为买手是一群具备专业知识和用户洞察的人，他们不仅是博主或 KOL，更是产品与用户之间的桥梁。也就是说，小红书上的买手不仅要精通内容创作，还要对产品有深刻理解，以帮助品牌更好地传递产品价值，与用户建立信任关系，并持续提供服务。小红书定义的买手，就像是各种产品的人形名片，以柔性的角色定位参与品牌产品的推广，向用户推荐自己的生活方式和筛选过的好产品。

在小红书上，买手的特点可以概括为三个词：审美、专业、信任。审美意味着买手对生活品质和产品品位有更高的追求；专业体现在他们能为消费者提供有用、可靠的购买建议，为消费者提供更多关于产品的细节和知识；信任则意味着他们推荐的商品更让消费者放心，也意味着转化率更高。

过去，电商直播的常规做法是在有限时间内，通过不断强调产品卖点，借助流量实现快速销售。主播们通常会在直播间中渲染热烈的购物气氛，以加快直播间用户的下单决策速度。但在这样的模式下，消费者往往基于对商品的想象做出购买决策，或是冲动消费，而实际获得的商品往往不尽如人意，这便在无形中拉大了主播与消费者之间的心理距离，也导致直播电商的退货率极高。面对消费者对产品真实性和品质的日益重视，建立信任关系对于直播转化而言也越来越重要。

董洁就是小红书上的一名出色买手，在她的直播间里，即便是售价高达 5000 元的鞋也能很快售罄，她直播间内到底藏着怎样的消费密码？我们先来回顾一下董洁在小红书上的耕耘。董洁从 2021 年年初开始在小红书发布笔记，在早期的笔记中，她自称"小董"，笔记的内容通常是分享自己的日常穿搭、自制的葡萄黄油小饼干以及她喜爱的茶具等，这些内容充满亲和力，拉近了明星与普通用户的心理距离。尽管当时的董洁并非流量明星，身上也没有热门话题，但她一直在小红书上深耕细作，通过持续更新笔记，让用户感受到她对生活的热爱与审美能力。在直播带货的风格上，董洁更希望自己的直播间能营造出朋友间聊天一样的氛围，轻松自然地分享她认为值得推荐的好物。董洁并不认同那些过分强调低价促销和带货目的的直播方式，她追求的是一种基于真诚分享、注重质感的直播体验。于是在2023年2月，董洁在小红书上进行了一场长达6小时的首次直播，吸引了超过220万的观看人次，单场直播销售额突破3000万元。在董洁的直播间，用户不会听到"321上链接"的热情口号，也没有助播们通过唱歌跳舞营造出的热烈气氛。董洁只是静静地面对镜头，以一种日常向朋友推荐好物的方式向直播间粉丝们介绍她用过的各种产品。

董洁直播间预告海报（图片来源于董洁小红书账号）

董洁直播间的主题为"董生活的直播间",其直播间的布景简洁且富有质感,通常是米白色的洁净背景,董洁穿着以黑白米色为主色调的衣物,整个直播风格透露出一种温柔而冷静的氛围。这种风格不仅体现了董洁个人的审美,也与小红书倡导的高品质、有格调的直播理念相契合。这样的直播理念和风格,带来了一些明显的效果。首先,董洁的直播间吸引来的用户质量较高,消费能力较强,而非冲动消费的用户,因此一些高客单价的产品选择与董洁合作。其次,这种"慢直播"的氛围,转化率与复购率都更高,一些用户在直播前就已经在小红书内被相关的种草内容所触达,对直播的商品已经有了一定的了解度和兴趣度,这样在直播中,用户做出购买决策更像是一种深思熟虑后的行为,而非低价刺激下的冲动消费。

　　在小红书的买手直播中,选品是一个非常重要的环节,它对于直播能否成功起到了关键作用。首次参与选品时,董洁并不确定哪些产品会受到用户的喜爱,但是她曾在笔记中分享的穿搭、护肤、烹饪等内容都成为选品的灵感来源。她尊重消费者,像朋友一样推荐自己生活中使用的好物,从而顺利建立起高度的信任和黏性。在选品时,董洁会换位思考,比如思考为什么一件衣服的价格会比同类产品高,因为消费者也会问出这样的问题,如果品牌方不能给出合理的解释,她便认为其他消费者不会买账。并且,董洁的直播间还坚持一个原则,即她自己没用过的产品就不会推荐给用户,自己不会购买的商品也不会推荐给用户。对一些优秀的买手而言,直播前都会有严苛的选品环节,一场选品会可能会持续十几个小时,而在直播前,这样的选品会通常要开四至五次。

　　分析了董洁的直播特色后,可以看出小红书直播电商的一些门道。直播这种销售形态也正在经历变化，变得更加细分化和垂直化。无论是图文、视频还是直播，每一种内容形态在其诞生初期都会涌现出一批流量博主，但随着内容载体的成熟，就会发展出更丰富的形态。比如在直播兴起时，低价促销就是吸引大众的主要手段，因为几乎所有人都喜欢优惠和折扣，这个阶段可以称为直播 1.0，但直播 1.0 模式的问题也非常显著——饮鸩止渴式的低价促销导致价格战愈演愈烈，促销活动愈来愈多，用户开始感到疲惫和麻木，直播间仿佛变成了嘈杂的市集，这也会伤害博主和品牌的形象。因此，像董洁这样的买手直播出现了，它更加重视用户的体验，并通过直播的形式实现与用户的互动与交流。

如果企业想在小红书实现从种草到转化的闭环，直播无疑是一个很好的途径。那么如何选择优质的买手，或者将品牌的直播间打造为受用户欢迎的风格呢？小红书官方曾分享过四个方法。**第一个是"经营账号"**，通常而言，优质买手的账号不能只做单纯的商品分享，而是要"有干货、有生活"。所谓"有干货"就是前文提过的"有用"，直播间的内容要能为用户提供价值、提供帮助；所谓"有生活"是指买手的内容要充满生活场景、富有生活气息，让账号看起来有血有肉，而不是一个冷冰冰的"商品推荐机器"。**第二个是"重视选品"**，选品要有主题和场景。**第三个是"笔记和直播齐步走"**，直播前做好种草蓄水，要有种草的笔记、预约的笔记，然后通过直播的形式完成转化；**第四个是"重视粉丝"**，要有一个很清晰的核心顾客画像，这样不仅能提供直播的转化率，也能让品牌得到用户精准、真实的反馈，不断矫正自己的直播内容风格。

一颗 KK 是一位在小红书积累了 51 万粉丝的家居博主，也是一位具有代表性的小红书买手。她曾三个月累计带货超过 1300 万元，并且其直播间的客单价高达 1719.64 元，而在其他平台的同类赛道中，头部主播客单价一般在 100～500 元之间。一颗 KK 的直播间之所以能取得如此效果，也是践行了上述四个要素。首先，一颗 KK 的直播间不仅带货，也为用户提供"干货"，无论是直播的预热视频，还是品牌投放的广告，都没有浓烈的销售导向，而是向用户真诚科普或对比产品、分享自己的使用感受。比如她会为了探究一款家居产品是否好用，而前往品牌的工厂里实地探访，输出探厂视频及新品测评视频，从多个角度为用户剖析产品的优劣势，通过干货内容的分享，塑造专业、懂家居产品的形象。一颗 KK 除了输出专业的家居内容，还会分享她的生活感悟、旅行 Vlog、创业体验等多元化内容，让自己账号的形象更加立体，更有"真人感"，从而与粉丝建立更深的情感共鸣和信任关系。

一颗 KK 的账号也富有生活气息，早期以分享"KK 的家"系列为主，多次分享她自己的生活场景，比如发布独具审美特色的家装图片、分享装修过程等，这样的内容聚集了许多前来问询桌椅品牌、搭配等问题的用户。并且这些内容通常都由她自己真人出镜，结合家居场景讲述家居设计理念，还推出了诸如"拆箱体验""好物安利""探店探长"等系列内容。在内容的选题上，一颗 KK 通常会围绕家居单品、场景、风格输出内容，比如介绍床、沙发等基础单品，或以"黑色单品"主题，为用户讲解如何通过家居产品的组合提升家居空间的美感；又比如在场景方面，会结合卧室、厨房、书房等不同场景推荐合适的产品，或是根据小红书社区中热度较高的流行风格来推荐产品组合，如奶油风卧室、美拉德厨房等。在内容的形式上,其质感和风格都向家居杂志靠拢,比如在"双11"输出的盘点系列,会推出斗柜、餐桌、小众百搭单品合集等清单,笔记使用统一的封面风格,系列感较强。

可以看出,小红书上流动着的商业逻辑与大部分平台并不相同,它的节奏看似更缓慢,却可以静水流深。它更像一个独特的样本,有人认为它是玄学,也有人认为它代表着未来潮水的方向。年轻人的生活热情激荡在这个庞大的社区中,他们的审美、喜好、消费在这里盘根错节地生长着。在小红书,如果抽丝剥茧地厘清了商业流动的路径,那么一款产品的流行就不再是一场冒险和赌博,而会变得有迹可循。

你,准备好开启旅程了吗?

附录 A

如果你想更了解小红书及其商业生态，不妨从以下途径获取信息：

1. 小红书官方渠道

各类社区站内薯：薯队长、美妆薯、潮流薯、家居薯、人文薯、生活薯、时尚薯、穿搭薯、汽车薯等，通过这些"薯"可以跟进小红书社区最新的用户趋势与动向。

小红书商业官方矩阵："小红书电商"微信公众号、"小红书商业动态"微信公众号，通过它们可以找到小红书最新的商业活动、商业产品、营销案例等信息。

2. 第三方渠道

新榜：旗下有"新红"数据，可以查询、分析小红书各种相关数。https://xh.newrank.cn。

千瓜：可提供小红书博主数据分析、热门内容趋势、运营投放优化等服务。